Goldratt und die Theory of Constraints

Uwe Techt

Goldratt und die Theory of Constraints

Der Quantensprung im Management

Ein TOC Institute Buch

Bibliographische Information Der Deutschen Bibliothek
Die Deutsche Bibliothek verzeichnet diese Publikation in der Deutschen Nationalbiographie; detaillierte bibliographische Informationen sind im Internet unter http://dnb.ddb.de abrufbar.

Das Werk ist in allen seinen Teilen weltweit urheberrechtlich geschützt. Jede Verwertung außerhalb der engen Grenzen des Urheberrechts ist ohne schriftliche Zustimmung des Verlages unzulässig. Das gilt insbesondere für Vervielfältigungen, Übersetzungen, Mikroverfilmungen und die Einspeicherung in und Verbreitung durch elektronische Systeme.

1. Ausgabe August 2006
2. Überarbeitete Ausgabe Dezember 2006
3. Überarbeitete Ausgabe Februar 2009
4. Auflage 2010
© 2006-2010 Uwe Techt

Ein TOC Institute Buch, verlegt bei Editions La Colombe, Moers

Druck: EuroPB, Příbram, Tschechische Republik
Printed in Czech Republic

ISBN: 978-3-929351-31-6

Inhalt

Vorwort 11
Wozu dieses Buch? 13
Was will die Theory of Constraints? 15
    Was habe ich davon? 15
    Und wer ist Eli Goldratt? 17
    Wie kam es zur ToC? 17
    Warum „Theory..."? 18
    „...of Constraints"? 18
    Und wo steht die ToC heute? 18
Welche Ziele hat mein Unternehmen? 21
    Geld verdienen 21
    Märkte begeistern 21
    Ständige Verbesserung 22
    Sichere Arbeitsplätze 22
    Profitables Wachstum 23
    Denkanstöße 25
Geld verdienen – was heißt das? 27
    Durchsatz (D) 27
    Bestände/Investitionen (BI) 28
    Betriebskosten (BK) 28
    Finanzielle Entscheidungen 28
    Wie erfolgreich sind wir? 29
    Denkanstöße 30
Was hindert uns am Geldverdienen? 31
    Es gibt einen Engpass! 31
    Fünf Schritte der ständigen Verbesserung 32
    1. Identifiziere den Engpass 32

2. Entscheide, wie der Engpass
optimal genutzt werden soll 33
3. Ordne alles andere dieser
Entscheidung unter 34
4. Erweitere den Engpass 34
5. Beginne von vorn,
wenn sich der Engpass verschiebt 34
Denkanstöße 35

Wir produzieren nicht genug! 37

Problem: lokale Effizienzen 37

Dilemma: Aber wir brauchen
lokale Effizienzen! (?) 42

Untätige Ressourcen sind Verschwendung 44

Lösung: Drum Buffer Rope 47

Staffelläufer-Prinzip 49

Buffer-Management 49

Die Gefahr im Erfolg 51

Verschiebung des Engpasses 51

Denkanstöße 52

Und die Finanzen? 55

Problem: die Kostenrechnung 55

Dilemma: Durchsatz vs. Kosten 69

Die Ketten-Analogie 70

Lösung: Das Durchsatz-Rechnungswesen 75

Was verdienen wir an unseren Produkten? 76

Lohnt sich die Investition? 79

Selbst produzieren oder einkaufen? 83

Und die Bestände? 84

Denkanstöße 85

Was liegt hinter dem Engpass? ... 87
Problem: lokale Optimierung ... 88
Die versteckte Einfachheit komplexer Systeme .. 89
Eine Analogie: Der Arztbesuch ... 93
Die Methoden effektiven Denkens ... 94
Was soll geändert werden? ... 94
Wohin soll die Veränderung führen? ... 96
Wie soll die Veränderung herbeigeführt werden? ... 100
Denkanstöße ... 103

Wir haben zu hohe Bestände... aber oft auch zu wenig! ... 105
Dilemma: großes oder kleines Lager? ... 105
Was ist Distribution? ... 106
Engpass: der kaufbereite Kunde ... 107
Den Engpass nutzen ... 108
Wie groß muss der Bestand sein? ... 109
Was wäre, wenn...? ... 110
Die Wiederbeschaffungszeit... ... 110
Schwankungen gleichen sich aus ... 112
Lösung: PULL ... 113
Von „Push" zu „Pull" ... 115
Zuverlässigkeit und Effektivität ... 115
Denkanstöße ... 116

Unsere Projekte sind zu langsam! ... 119
Projekte sind abhängig voneinander ... 119
Problem: Schädliches Multitasking ... 121
Lösung: Drum-Buffer-Rope für Projekte ... 123
Identifiziere den Engpass ... 125

Entscheide, wie der Engpass bestmöglich
ausgenutzt werden soll..................................125
Ordne alles andere der Entscheidung,
den Engpass bestmöglich auszunutzen, unter...126
Erweitere den Engpass..................................128
Denkanstöße..128

Wie werden Projekte noch schneller?............ 129
Das magische Dreieck..................................129
Problem: versteckte Sicherheiten..................130
Eingebaute Sicherheiten gehen verloren......133
Lösung: Critical Chain..................................137
Und wie steuern wir die Projekte?................140
Denkanstöße..144

Die Kunden stehen nicht vor der Tür!............ 145
Der Engpass ist im Markt..............................145
Probleme im Markt..145
Das Marketing-Dilemma................................146
Die eigentliche Marketing-Aufgabe..............148
Rigorose Marktanalyse..................................149
Das unwiderstehliche Angebot......................151
Ja, aber...152
Denkanstöße..153

Wie überzeuge ich die Anderen?.................... 155
Problem: Ich habe eine tolle Idee!................155
Logische Zusammenhänge............................162
Schicht 1: Ist das mein Problem?..................164
Schicht 2: Und das soll unser Problem lösen?....167
Schicht 3: Das bringt doch nichts…..............171
Schicht 4: Ja, aber…......................................174
Schicht 5: Das schaffen wir nie!....................176

Schicht 6: Trotz allem passiert nichts 178
Denkanstöße 179
Ist ToC also Unternehmensstrategie? 181
Die Basis einer sinnvollen Unternehmensstrategie 181
Das unwiderstehliche Angebot 183
Viable Vision: In vier Jahren Umsatz in Gewinn verwandeln 185
Den Markt segmentieren 186
Der Quantensprung 188
Zwischencheck 190
Flexibilität 191
Denkanstöße 193

Ausblick 195

Vorwort

Führungskräfte und Mitarbeiter in Unternehmen sehen sich einer immer schneller verändernden Wettbewerbssituation gegenüber. In Zeiten, in denen „time-to-market" und die Verkürzung von Produktlebenszyklen eine wichtige Rolle spielen, suchen wir nach Antworten für diese Aufgabenstellungen. Dies kann eine zentrale Komponente für den Erfolg eines Unternehmens sein.

Traditionelle wie auch aktuell moderne Konzepte zur Optimierung wurden häufig schon exerziert und zur Anwendung gebracht. Die Berücksichtigung von „Best Practice" und „Lessons learned" ist ebenfalls etabliert. Was also bleibt an Möglichkeiten noch übrig?

Einen echten Quantensprung in der Produktivität erreicht man nur mit Innovationen. Hilfsmittel zum Auffinden und Umsetzen solcher Innovation sind Bestandteile der „Theory of Constraints" (ToC) von Dr. Eliyahu M. Goldratt. Das Buch von Uwe Techt bietet einen guten Überblick und Hilfestellungen zur Nutzung der „Theory of Constraints" in der Praxis wie zum Beispiel zur Verkürzung von Projektlaufzeiten.

Neben der gut gelungenen und teilweise spielerischen Vermittlung der theoretischen Grundlagen der ToC zeigt der Autor anschaulich die möglichen Fallstricke traditioneller Ansätze auf. Beispielhaft sei hier die Betrachtung „Durchsatz versus Kosten" genannt. Uwe Techt vermittelt dem Leser mit Hilfe vieler interessanter Denkanstöße neue Perspektiven. Ein wichtiger Bestandteil bei diesen

Perspektivenwechseln ist die Komponente Mensch, die als Kunde und Mitarbeiter bei der ToC als zentraler Erfolgsfaktor berücksichtigt wird.

Lässt man sich auf das Buch ein, wird der Leser nach kurzer Zeit überrascht feststellen, dass das Ende des Buches bereits erreicht ist. Spätestens dann gelangt man zu der Erkenntnis, nur einen ersten Einblick über die Materie erhalten zu haben. Vom „Ich weiß, wie es geht" zum „Ich kann es auch" ist es dann noch ein Stück Weg zu gehen. Ich selbst habe nach der äußerst kurzweiligen Lektüre dieses Buches von Uwe Techt die ToC-Hilfsmittel in der Praxis angewendet und werde noch weitere eigene Erfahrungen damit machen.

Ich wünsche Ihnen viel Spaß beim Lesen.

Günther Jakobi

SYRACOM AG - „The Business- & IT-Architects"

Wozu dieses Buch?

Immer wieder fragen mich Unternehmer, Führungskräfte, Kunden, Leser der Goldratt-Romane (Das Ziel, Das Ziel II, Die kritische Kette, Das Ergebnis), Seminarteilnehmer: „Was ist eigentlich die Theory of Constraints? Was nützt sie mir? Was ist anders als in anderen Management-Konzepten? Gibt es eine Zusammenfassung, so dass ich schnell verstehe, worum es geht und den Gesamtzusammenhang erkenne?"

Diese Fragen soll das vorliegende Buch beantworten. Ohne Anspruch auf Vollständigkeit. Ohne perfekt sein zu wollen. Nur eine Übersicht!

Ist es das, was Sie suchen? Dann wünsche ich Ihnen viel Spaß und neue Erkenntnisse beim Lesen.

Und wenn Sie etwas fragen, anmerken, ergänzen oder verbessern möchten, dann schreiben Sie mir bitte eine E-Mail an uwe.techt@vistem.eu; ich freue mich darauf!

Danksagung

Mein herausragender Dank gilt Dr. Eliyahu M. Goldratt, der die Theory of Constraints entdeckt hat, sie zusammen mit vielen Weggefährten permanent weiter entwickelt und sein gesamtes Wissen uneingeschränkt im öffentlichen Raum zur Verfügung stellt.

Eli Goldratt und Oded Cohen (Director of Goldratt Schools) haben mir in vielen Seminaren und Trainings tiefe Einblicke sowohl in ihr als auch in mein eigenes Denken gewährt und mir dadurch ein fortschreitendes Verständnis und eine zunehmende Anwendung der ToC ermöglicht.

Oded Cohen und Rudi Burkhard stehen mir immer wieder als Ansprechpartner für meine Fragen zur Verfügung – in unvergleichlicher Prägnanz und Geschwindigkeit.

Bettina Zürcher hat viele Informationen zur ToC erstmalig in deutscher Sprache verfügbar gemacht.

Ganz besonders danke ich Claudia Simon, die in mühsamer Arbeit immer wieder neue Visualisierungen erstellt, überarbeitet, nach Fehlern im Text gesucht und mir bei der Überarbeitung geholfen hat.

Uwe Techt

Dezember 2006

Goldratt und die Theory of Constraints

Was will die Theory of Constraints?

Die wichtigsten Fragen, die sich ein Top-Manager immer wieder stellen und beantworten muss, lauten:

- Welche Ziele hat mein Unternehmen?
- Wie erreiche ich die Unternehmensziele?
- Mit welcher Strategie und welcher Taktik?
- Wie setze ich die richtigen Prioritäten?
- Wie behalte ich den Überblick?
- Wie sorge ich für Selbstorganisation im Unternehmen?

Die Theory of Constraints beantwortet diese Fragen. Und zwar so konkret, dass Sie daraus eine erfolgreiche Strategie für Ihr Unternehmen entwickeln können.

Was habe ich davon?

Von der Anwendung der ToC können Unternehmen aller Branchen und Größen profitieren. Die ToC unterstützt Sie dabei, ...

- mit Ihren wertvollen Ressourcen mehr Gewinn zu machen
- zu vermeiden, dass Sie mit Restrukturierungen und anderen Sparmaßnahmen Ihr Kapital abbauen
- Änderungen und Investitionen nur an den wenigen Stellen vorzunehmen, an denen es unbedingt

nötig ist, Ihre Kräfte auf diese zu konzentrieren und arbeitsintensive Methoden wie Six Sigma, TQM (Total Quality Management), Lean oder JIT (Just in time) gezielt nur dort einzusetzen

- sicherzustellen, dass Änderungen keine unvorhergesehenen Auswirkungen haben
- Ihre Mitarbeiter für die nötigen Maßnahmen zu gewinnen
- Änderungen schnell und wirkungsvoll umzusetzen – und das im ganzen Unternehmen
- Ihre Produktpreise auf die Werteinschätzung der Kunden auszurichten, Ihre Märkte geschickt zu segmentieren und Ihre Kapazitäten profitabel zu nutzen
- Ihre Produkte und Leistungen so zu gestalten, dass sie die brennendsten Probleme Ihrer Kunden lösen und sich so einen entscheidenden Wettbewerbsvorteil zu schaffen
- Ihre optimierten Produktions-/Logistikprozesse für den Gewinn von Marktanteilen zu nutzen
- die Liefertreue auf nahezu 100% zu verbessern
- Bestände, Lieferfristen und Umlaufzeiten drastisch zu reduzieren
- Projektlaufzeiten um die Hälfte oder mehr zu reduzieren – ohne Mehrkosten und ohne Abstriche bei der Qualität
- Markteinführungen drastisch zu beschleunigen

Goldratt und die Theory of Constraints

Und wer ist Eli Goldratt?

Dr. Eliyahu M. Goldratt ist ein israelischer Physiker, Unternehmensberater und Autor. Von ihm stammen die Romane

- „Das Ziel" – ein Roman über Prozessoptimierung
- „Das Ziel II" – ein Roman über strategisches Marketing
- „Die kritische Kette" – das neue Konzept im Projektmanagement
- „Das Ergebnis" – ein Roman über profitable Softwarelösungen

sowie wichtige Fachbücher zur Theory of Constraints. Die vier Romane sind Weltbestseller der Business-Literatur und in viele Sprachen übersetzt. Jedes einzelne von ihnen hat eine Revolution des Managements ausgelöst und radikale Performance-Steigerungen mit direkter Auswirkung auf die Unternehmensergebnisse hervorgebracht.

Wie kam es zur ToC?

Ein Hersteller von Hühnerkäfigen hatte große Mühe, seine Liefertermine einzuhalten. Er hatte einen Physiker zum Freund, der ihm half, den Problemen auf den Grund zu gehen. Der Physiker war unbelastet von betriebswirtschaftlichen Vorgehensweisen. Er wandte daher die ihm geläufigen naturwissenschaftlichen Methoden an und kam auf eine Lösung, die allen üblichen Regeln widersprach, sich aber glänzend bewährte. Der Physiker - Dr. Eliyahu M. Goldratt - war so fasziniert von diesem ihm neuen Gebiet, dass er sich von da an der systematischen Erforschung verschrieb.

Warum „Theory..."?

Für Wissenschaftler bedeutet Theorie nicht das Gegenteil von Praxis, sondern durch Beobachtung und überprüfbare Erfahrungen abgesicherte Erkenntnis. Wer die Auswirkungen der ToC im eigenen Unternehmen erlebt hat, wird dem ungarisch-amerikanischen Physiker und Mathematiker Todor Karman (1881-1963) zustimmen: „Nichts ist praktischer als eine gute Theorie".

„...of Constraints"?

Der Begriff „Constraint" entstammt der Systemtheorie: Ein System ist eine Gesamtheit voneinander abhängiger Funktionen, die Input zu Output verarbeiten. Ein „Constraint" ist einer der ganz wenigen Faktoren, welche die Leistung des Systems begrenzen: ein Engpass oder das schwächste Glied einer Kette. Die ToC wendet diese Erkenntnisse auf soziale Systeme an und nutzt die Constraints als Ansatzpunkte für wirkungsvolle Veränderungen, denn dort wird die größte Hebelwirkung erzielt: Veränderungen am Engpass beeinflussen das ganze Unternehmen.

Und wo steht die ToC heute?

Goldratt und die ToC-Community haben es sich zum Ziel gesetzt, die Theory of Constraints zum Mainstream im Management zu machen. Die „Viable Vision" ist die Speerspitze dieser Entwicklung: in nur vier Jahren wandeln Unternehmen ihren jährlichen Umsatz in jährlichen Gewinn um. In Schulen und Universitäten findet die ToC immer größere Verbreitung. Und selbst Not-for-Profit-Organisationen verbessern ihre Performance mit Hilfe der ToC um bisher nicht für möglich gehaltene Größenordnungen.

... aber nun zur praktischen Seite ...

Goldratt und die Theory of Constraints

Welche Ziele hat mein Unternehmen?

Unternehmensentwicklung setzt klare Ziele voraus. Die Ziele zu definieren ist das Recht der Eigentümer. Sie verfolgen einen Zweck, wenn sie ihr Kapital und ihre Arbeitskraft in das Unternehmen investieren.

Jedes Unternehmen hat seine eigenen individuellen Ziele. Dennoch gibt es in der grundsätzlichen Struktur der Ziele Ähnlichkeiten:

Geld verdienen

Auch wenn Sie es sich nicht explizit auf die Fahne geschrieben haben, so ist „Geld verdienen – heute und in Zukunft" doch eine Grundbedingung für das langfristige Überleben Ihres Unternehmens[1], also erster und zwingender Bestandteil einer Zielstruktur.

Geld verdient sich aber nicht von selbst. Einige Voraussetzungen müssen erfüllt sein:

Märkte begeistern

Ihr Unternehmen ist abhängig davon, dass Kunden Ihnen Geld für Ihre Produkte und Leistungen geben, und dass Lieferanten Ihnen liefern, was Sie brauchen, um Ihre Kunden zufriedenstellen und begeistern zu können.

Das zweite Ziel lautet also: „Die Märkte zufrieden stellen und begeistern – heute und in Zukunft"

Wir leben in einem intensiven Wettbewerb. Die Konkurrenz wird besser, schneller, billiger ... und

---
1 Das gilt auch für Not-for-Profit-Organisationen

wenn Sie im Wettbewerb nicht verlieren wollen, müssen Sie mithalten:

Ständige Verbesserung

Das ist doch selbstverständlich!? Mittlerweile ja! Nur ist nicht immer klar, wie das gehen kann, ohne sich zu verzetteln. In jedem Unternehmen gibt es sehr viele Möglichkeiten zur Verbesserung. Doch wo sollen wir ansetzen? Konzentration ist erforderlich auf die wenigen Stellen, an denen Verbesserungen durchgreifende Wirkungen auf das gesamte Unternehmen erzielen.

Das dritte Ziel lautet also: „Einen wirksamen Prozess der ständigen Verbesserung betreiben – heute und in Zukunft"

Können Sie allein den Prozess der ständigen Verbesserung betreiben? Eben nicht: Sie brauchen dazu Ihre Mitarbeiter, und zwar hochmotivierte Mitarbeiter!

Sichere Arbeitsplätze

Nur inspirierte, hochmotivierte Mitarbeiter stellen dem Unternehmen ihre ganze Kraft und Kreativität zur Verfügung. Nur solche Mitarbeiter finden und realisieren durchgreifende, weitreichende Verbesserungen. Aber wie geht es einem Mitarbeiter, der befürchtet, seinen Arbeitsplatz in Folge realisierter Verbesserungen zu verlieren?

Auch wenn es einigen Top-Managern nicht gefällt, lautet das vierte Ziel: „Den Mitarbeitern sichere und befriedigende Arbeitsplätze zur Verfügung stellen – heute und in Zukunft"

Goldratt und die Theory of Constraints

Profitables Wachstum

Diese vier Zielsetzungen (Geld verdienen, Märkte begeistern, Ständige Verbesserung, Sichere Arbeitsplätze) erscheinen vollkommen plausibel. Dennoch ergibt sich aus ihrer Kombination ein schwerwiegendes Problem[2]:

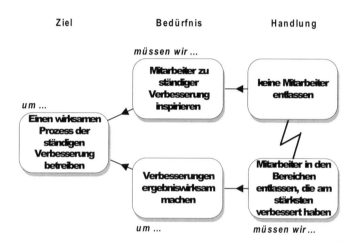

Einerseits: Um einen wirksamen Prozess der ständigen Verbesserung realisieren zu können, braucht das Unternehmen motivierte Mitarbeiter, die davon inspiriert sind, das Unternehmen ständig und grundlegend zu verbessern. Und um solche Mitarbeiter zu haben, darf das Unternehmen keine Mitarbeiter entlassen; schon gar nicht in Folge von Verbesserungsaktivitäten.

---

[2] Diese Darstellung heißt in der ToC „Dilemma-Wolke". Sie stellt den Entscheidungskonflikt zwischen zwei scheinbar zwingend erforderlichen, jedoch gegensätzlichen Handlungsweisen dar.

Anderseits: Um einen wirksamen Prozess der ständigen Verbesserung realisieren zu können, muss das Unternehmen die Verbesserungen ergebniswirksam machen: sie müssen sich in den finanziellen Unternehmensergebnissen „unterm Strich" auswirken. Damit dies möglich ist, muss das Unternehmen Mitarbeiter in den Bereichen entlassen, die am stärksten verbessert haben.

Stimmt das wirklich? Ja – aber nur, wenn davon ausgegangen werden muss, dass der Markt kein ausreichendes Wachstum ermöglicht.

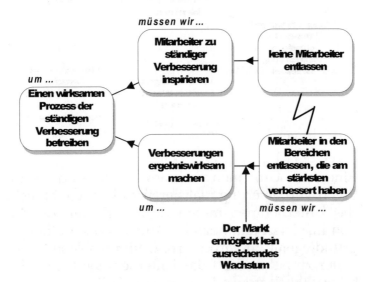

Wenn das Unternehmen aber schneller wächst als es sich verbessert und seine Effizienz steigert, dann ist es nicht gezwungen, Mitarbeiter zu entlassen.

Daher lautet das fünfte Ziel: „Profitabel wachsen – heute und in Zukunft".

Ein Unternehmen muss wachsen, sonst geht es – früher oder später – unter.

Denkanstöße

- Sind die Ziele und Strategien Ihres Unternehmens transparent?
- Wird in Ihrer Strategie deutlich, wie Sie alle fünf Ziele konkret erreichen wollen - heute und auch in Zukunft?
- Welche Anforderungen sind nicht erfüllt?
- Welche spürbaren Auswirkungen hat das auf Ihr Unternehmen?

Zusammenfassung

Eine sinnvolle Unternehmensstrategie muss fünf Ziele erreichen:

- Geld verdienen
- Die Märkte zufriedenstellen und begeistern
- Einen wirksamer Prozess der ständigen Verbesserung betreiben
- Den Mitarbeitern sichere und befriedigende Arbeitsplätze zur Verfügung stellen
- Profitabel wachsen

Alle fünf Ziele sind zwingend. Alle Ziele müssen heute und in der Zukunft erreicht werden. Wird nur eines nicht realisiert, ist – früher oder später – das Überleben des Unternehmens gefährdet.

Geld verdienen – was heißt das?

Das ist doch klar: Mehr Geld einnehmen (also mehr Umsatz machen) oder weniger Geld ausgeben (also die Kosten senken). Logisch!?

So einfach scheint es nicht zu sein. Nicht von ungefähr gibt es umfassende Theorien und Methoden zur Entscheidungsfindung im Unternehmen.

Die Theory of Constraints definiert drei grundlegende Kennzahlen, mit denen alle Entscheidungen bewertet werden können: Durchsatz (D), Bestände/Investitionen (BI) und Betriebskosten (BK).

Durchsatz (D)

Durchsatz ist die Differenz zwischen dem Verkaufserlös und den für diesen Verkaufserlös tatsächlich anfallenden variablen Kosten (beispielsweise für Rohmaterial).

$$\text{Durchsatz (D)} = \text{Verkauf (V)} - \text{tatsächlich variable Kosten (TVK)}$$

Verkauf (V) ist das Geld, das Kunden für Produkte/Dienstleistungen, die Ihr Unternehmen liefert, bezahlen.

Tatsächlich Variable Kosten (TVK) ist das Geld, das Sie an Dritte für Produkte/Leistungen bezahlen, die direkt in die verkauften Produkte/Dienstleistungen integriert werden. Das sind z.B. Rohmaterial, Zukaufteile, Provisionen. Löhne sind nicht tatsächlich variabel, sie werden in der Kostenrechnung „umgelegt", deshalb gehören sie nicht zu den TVK.

Bestände/Investitionen (BI)

Bestände/Investitionen (BI) sind die Gelder, die in Ihrem Unternehmen gebunden sind (z.B. halbfertige Erzeugnisse, fertige Erzeugnisse, Forderungen, Gebäude und Maschinen).

Betriebskosten (BK)

Betriebskosten (BK) sind das Geld, das Ihr Unternehmen ausgibt, um Rohmaterial in Verkäufe zu verwandeln. Betriebskosten (BK) sind meistens ständig zu zahlen - selbst wenn Produktion oder Verkauf für eine gewisse Zeit stoppen würden (z.B. Gehälter, Miete, Versicherungen).

Finanzielle Entscheidungen

Diese drei Größen werden von der ToC als die wichtigsten Kennzahlen zur Entscheidungsfindung verwendet.

Sie können jede Entscheidung und jede Maßnahme danach bewerten, ob und wie stark sie Durchsatz (D), Betriebskosten (BK) und Bestände/Investitionen (BI) beeinflusst.

Es mag banal klingen: Der größte Hebel für die Verbesserung Ihres Unternehmens ist, mehr Durchsatz zu erzeugen. Mein Freund und Kollege Holger Lörz sagt dazu: *„Wer nur Kosten spart, hat bald keine mehr"*.

Die ToC empfiehlt: Ersetzen Sie die Kostenrechnung durch eine Durchsatzrechnung. Das fokussiert Führungskräfte und Mitarbeiter darauf, den Durchsatz zu steigern. Bestände/Investitionen und

Goldratt und die Theory of Constraints

Betriebskosten sind ebenfalls wichtige Größen, aber dem Durchsatz nachgeordnet: sie sollen „im Griff" bleiben, können auch gesenkt werden, aber niemals unter Gefährdung des Durchsatzes.

Wie erfolgreich sind wir?

Um das herauszufinden, setzen Sie die Kennzahlen D, BI und BK ins Verhältnis und erhalten:

Nettogewinn bzw. Net Profit (NP)

Je mehr Geld überbleibt, nachdem Sie aus dem Durchsatz die Betriebskosten bezahlt haben, um so besser ist der Nettogewinn:

$$NP = D - BK$$

Return on Investment (RoI)

Je schneller sich die Investitionen (in Bestände und Anlagen) durch erzielten Nettogewinn bezahlt machen, um so besser der Return on Investment:

$$RoI = NP / BI$$

Produktivität (P)

Je größer der Durchsatz im Verhältnis zu den Betriebskosten ist, um so besser die Produktivität:

$$P = D / BK$$

Investitionsumschlag (IU)

Je schneller die Investitionen (in Bestände und Anlagen) umgeschlagen werden, um so besser für das Unternehmen:

$$IU = D / BI$$

Denkanstöße

- Welche Kennzahlen steuern das Verhalten Ihrer Führungskräfte und Mitarbeiter?
- Worauf ist die Aufmerksamkeit Ihrer Top-Manager gerichtet?
- Welche spürbaren Auswirkungen hat das auf Ihr Unternehmen?

Zusammenfassung

Der größte Hebel zum Geldverdienen ist die Erhöhung des Durchsatzes. Um alle Mitarbeiter und Führungskräfte darauf zu fokussieren, verwendet die ToC nur drei Kennzahlen für finanzielle Entscheidungen:

- Durchsatz
- Bestände/Investitionen
- Betriebskosten

Dieser Fokus ist existentiell, um eine von allen getragene Strategie entwickeln und umsetzen zu können.

Goldratt und die Theory of Constraints

Was hindert uns am Geldverdienen?

Was hindert Ihr Unternehmen daran, mehr Durchsatz zu machen?

Es gibt einen Engpass!

Durchsatz entsteht durch eine Kette voneinander abhängiger Funktionen.

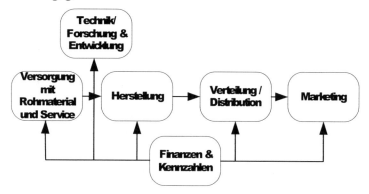

Eine dieser Funktionen ist die engste Stelle, der Engpass. Der Durchsatz Ihres Unternehmens ist vom Durchsatz am Engpass abhängig!

Angenommen, der Engpass ist eine Produktionsanlage und diese Anlage arbeitet eine Stunde nicht, dann verliert Ihr ganzes Unternehmen eine Stunde Durchsatz, denn schneller als der Engpass kann Ihr Unternehmen nicht arbeiten.

Mehr Durchsatz am Engpass bedeutet automatisch mehr Durchsatz für Ihr ganzes Unternehmen. Deshalb muss der Engpass bestmöglich ausgenutzt werden. Und wenn das nicht reicht, müssen wir ihn erweitern.

Goldratt und die Theory of Constraints

Mehr Durchsatz an einer anderen Stelle bringt Ihnen nichts – im Gegenteil. Die Auswirkungen sind fatal; es werden:

- Bestände erhöht (mehr gebundenes Geld)
- Kosten erzeugt (für die Durchsatzsteigerung)
- Mitarbeiter demotiviert, die nämlich erkennen, dass ihre Anstrengungen dem Unternehmen nicht wirklich genützt haben
- freie Kapazitäten erzeugt ... und dann will ein Controller diese abbauen ...

Die Produktivität des Engpasses ist extrem wichtig. Die anderen Ressourcen dagegen müssen nicht besonders effizient sein, vielmehr müssen sie besonders gut die Engpass-Nutzung unterstützen.

Fünf Schritte der ständigen Verbesserung

Wie beeinflussen diese Erkenntnisse den Prozess der ständigen Verbesserung? Die Theory of Constraints definiert fünf Schritte:

1. Identifiziere den Engpass

Solange der Engpass nicht gefunden ist, ist jeder Verbesserungsversuch wie das Stochern im Nebel. Ihre Führungskräfte und Mitarbeiter wissen, wo der Engpass ist; Sie müssen sie nur „richtig" danach fragen, denn oft ist der Blick für das Wesentliche verstellt. Und: hüten Sie sich vor der Idee, es gäbe mehrere Engpässe[3].

---

[3] Mehrere Engpässe gibt es nur, wenn das Unternehmen mehrere voneinander völlig unabhängige Wertströme hat.

2. Entscheide, wie der Engpass optimal genutzt werden soll

Wenn Sie den Engpass gefunden haben, dann denken Sie nicht als Erstes daran, ihn „beseitigen", also erweitern zu wollen. Die Erweiterung des Engpasses kostet Geld. Zudem gibt es eine hohe Wahrscheinlichkeit, dass der Engpass noch gar nicht vollständig ausgenutzt ist.

Deshalb prüfen Sie zuerst, ob die Kapazität des Engpasses bereits bestmöglich ausgenutzt ist. Kennzeichen dafür, dass der Engpass schlecht ausgenutzt ist, sind zum Beispiel:

- bei einer Produktionsanlage: organisatorisch bedingten Stillstandszeiten
- bei einer Projektressource: Setup-Zeiten aufgrund von Multitasking
- im Einzelhandel: Verkaufsausfall wegen fehlender Ware

Überlegen und entscheiden Sie dann, wie Sie dafür sorgen können, dass der Engpass – von dem der Durchsatz des ganzen Unternehmens abhängt – bestmöglich ausgenutzt wird. Zum Beispiel:

- Wie sorgen Sie dafür, dass niemals ein Kunde eines Ihrer Produkte nicht kaufen kann, weil es im Laden gerade nicht verfügbar ist?
- Wie schaffen Sie es, dass auf dem kritischen Pfad eines Projektes niemals Zeit verschwendet wird?

Diese Frage ist nicht immer leicht zu beantworten, aber es gibt immer eine Lösung.

3. Ordne alles Andere dieser Entscheidung unter

Dies ist der schwierigste Schritt. Stellen Sie sich nur vor, eine Produktionsabteilung (A) soll zusätzliche Rüstvorgänge einschieben, damit eine andere Abteilung (der Engpass E) optimal ausgenutzt werden kann. A wäre nun – lokal betrachtet – weniger produktiv, wird aber an seiner Produktivität gemessen. Und das bedeutet: Sie müssen die Regeln für A ändern. Oder allgemeiner gesagt: Alle Regeln, Kennzahlen, Mechanismen der Steuerung etc. müssen überprüft und angepasst werden. Das ist mühsam und oft auch schwierig, weil tief verankerte Paradigmen auf den Prüfstand kommen.

4. Erweitere den Engpass

Die Schritte 2 und 3 sind zwar schwierig, aber in vielen Fällen lediglich organisatorische Maßnahmen, die kaum Kosten oder Investitionen erfordern. Erst wenn Sie den Engpass erweitern wollen (eine neue Anlage, ein neuer Mitarbeiter), wird es teuer. Deshalb erweitern Sie den Engpass erst nach den Schritten 2 und 3 und auch nur, wenn Sie dann sicher sind, dass es sich lohnt[4].

5. Beginne von vorn, wenn sich der Engpass verschiebt

Der Engpass kann sich schon durch die Schritte 2 und 3 verschieben, bei Schritt 4 ist es sogar wahrscheinlich. Wenn der Engpass verschoben ist und Sie nicht darauf reagieren, kann der Durchsatz nicht

---

4 Siehe „Lohnt sich die Investition?" S. 79

weiter gesteigert werden; er stagniert – nur auf einem höheren Niveau.

Dr. Goldratt sagt dazu: *„Trägheit darf nicht zum Engpass des Systems werden."*

Denkanstöße

- Kennen Sie den Engpass Ihres Unternehmens? Wo ist er?
- Wie gehen Sie heute mit dem Engpass um?
- Welche spürbaren Auswirkungen hat das auf Ihr Unternehmen?

Zusammenfassung

Die Fähigkeit, mehr Geld zu verdienen, wird durch den Engpass begrenzt. Die ToC definiert „ständige Verbesserung" daher so:

1. Identifiziere den Engpass
2. Entscheide, wie der Engpass optimal genutzt werden soll
3. Ordne alles Andere dieser Entscheidung unter
4. Erweitere den Engpass
5. Beginne von vorn, wenn sich der Engpass verschiebt. *„Trägheit darf nicht zum Engpass des Systems werden."*

Wir produzieren nicht genug!

Die Nachfrage ist größer als Ihr Unternehmen produzieren kann? Dann ist der Engpass in der Produktion: Die Produktionsressource mit der geringsten Kapazität. Sie muss bestmöglich ausgenutzt werden, aber ...

Problem: lokale Effizienzen

Die Produktion muss ihren Beitrag zum Unternehmenserfolg leisten. Wann macht sie das? Wenn sie effizient ist! Wenn jede einzelne Ressourcen ausgelastet ist und effizient arbeitet. Lokale Effizienzen sind deshalb die dominanten Kennzahlen.

Die Folgen von lokalen Effizienzen sind aber schlechte Liefertreue, Beschwerden von Kunden, lange Durchlaufzeiten, hohe Bestände, lang gebundenes Kapital.

Warum? Dr. Goldratt erklärt die Wirkungen lokaler Effizienzen am Beispiel der Stahlindustrie:

Seit über 100 Jahren ist „Tonnen pro Stunde (t/h)" die wichtigste Kennzahl. Jeder Bereich wird daran gemessen. Wer bei „t/h" gut ist, kann sich viel erlauben; wer bei „t/h" schlecht ist, hat insgesamt schlechte Karten im Unternehmen.

Menschen wollen in Bezug auf die für sie geltenden Messgrößen gut dastehen – insbesondere wenn auch noch ein Teil ihrer Bezahlung davon abhängig ist.

Wenn „t/h" die wichtigste Messgröße ist und Menschen in Bezug auf die für sie geltenden Messgrößen gut dastehen wollen, dann versucht jede Abteilung die eigene Leistung in Bezug auf „t/h" zu verbessern[5].

Für die Bearbeitung verschiedener Produkte ist unterschiedlich viel Zeit erforderlich. Wenn z.B. Stahl auf drei cm dicke Platten gewalzt werden soll, dann geht das schneller als wenn derselbe Stahl auf zwei oder ein cm dicke Platten ausgewalzt werden soll.

---

5   Lesen Sie die Abbildung von unten nach oben mit „Wenn … und … dann …"

Goldratt und die Theory of Constraints

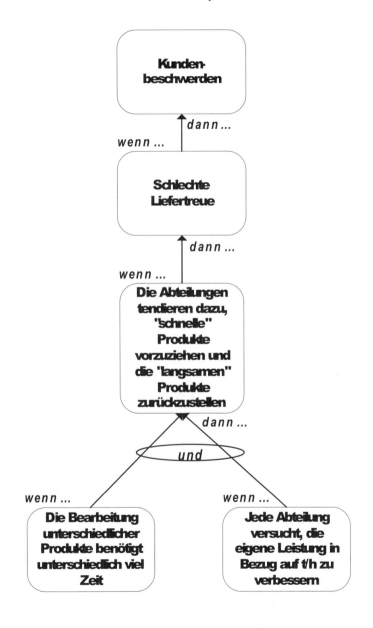

39

Wenn die Bearbeitung verschiedener Produkte unterschiedlich viel Zeit benötigt und jede Abteilung versucht, die eigene Leistung in Bezug auf „t/h" zu verbessern, dann tendieren die Abteilungen dazu, „schnelle" Produkte vorzuziehen und die „langsamen" Produkte eher zurückzustellen. Die Folge davon ist schlechte Liefertreue und das wiederum zieht Kundenbeschwerden nach sich.

Wenn die Produktion in einer Abteilung gerade still steht, weil es keinen zu bearbeitenden Auftrag gibt, dann wirkt sich dies schlecht auf „t/h" aus.

Wenn Nicht-Produktion „t/h" verschlechtert und jede Abteilung versucht, die eigene Leistung in Bezug auf „t/h" zu verbessern, dann tendieren die Abteilungen dazu, bei fehlenden Kundenaufträgen auf Lager zu produzieren. Die Folgen davon sind zu hohe Bestände und lange Payback-Zeiten.

In den meisten Produktionsbereichen führt die Umstellung einer Anlage von einem Produkt auf ein anderes dazu, dass Zeit verloren geht und sich dadurch die Effizienzmessung verschlechtert. Je weniger Setups erforderlich sind, um so besser ist es für die lokalen Effizienzen.

Wenn jedes Setup „t/h" verschlechtert und jede Abteilung versucht, die eigene Leistung in Bezug auf „t/h" zu verbessern, dann tendieren die Abteilungen dazu, die Reihenfolge der Aufträge so zu verändern, dass sie möglichst große Losgrößen fertigen können.

Die Folgen davon sind zu hohe Bestände, lange Durchlaufzeiten, schlechte Liefertreue und Kundenbeschwerden.

Goldratt und die Theory of Constraints

Der „Gegenwartsbaum" zeigt Ihnen die Argumente auf einen Blick:[6]

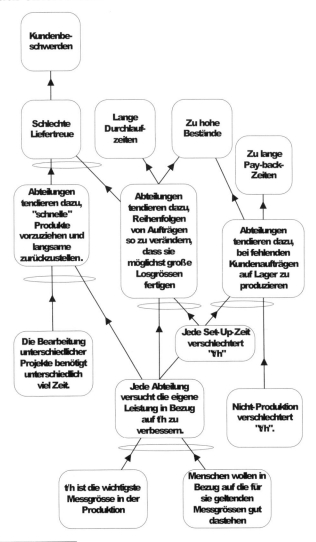

---

6   „Gegenwartsbaum": Symptome (oben) werden mit den Ursachen (unten) in einen logischen Zusammenhang gebracht.

41

Dilemma: Aber wir brauchen lokale Effizienzen! (?)

Jetzt haben Sie ein Problem – oder?

Einerseits führen lokale Effizienzen offensichtlich zu erheblichen Schwierigkeiten. Andererseits brauchen wir lokale Effizienzen - wie sonst sollen wir die Produktion steuern?

Dieses Dilemma müssen wir uns etwas genauer ansehen, um den versteckten Sprengstoff zu erkennen.

Ihr Produktionsleiter...

Auf der einen Seite muss er – um erfolgreich zu sein – ständig dafür sorgen, dass der Durchsatz erhöht wird. Lokale Effizienzmessung ist der Feind eines guten Produktionsflusses, es darf also auf keinen Fall mit lokalen Effizienzmessgrößen gesteuert werden!

Auf der anderen Seite führt Verschwendung zu schlechten Betriebsergebnissen. Deshalb muss Verschwendung minimiert werden. Eine Ressource nicht zu nutzen, ist eine große Verschwendung. Also müssen alle Ressourcen möglichst gut ausgelastet sein. Dafür brauchen wir lokale Effizienzmessgrößen!

Goldratt und die Theory of Constraints

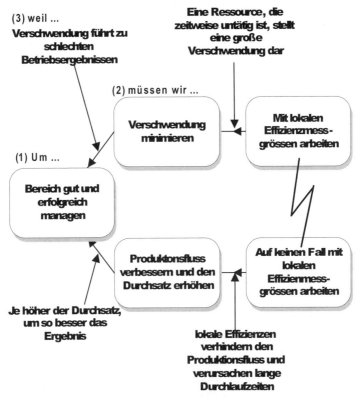

Ein scheinbar unlösbarer Konflikt – jedenfalls wenn die angeführten Gründe wahr sind. Würde es gelingen, auch nur einen davon zu widerlegen, hätten wir das Dilemma gelöst.

Machen wir uns auf die Suche: Betrachten Sie das Dilemma genauer: Welcher der vier genannten Gründe ist Ihnen am wenigsten sympathisch?

Mir gefällt die folgende Begründung am wenigsten:

Untätige Ressourcen sind Verschwendung

Können wir beweisen, dass eine zeitweise untätige Ressource nicht zwangsläufig eine Verschwendung darstellt? Sondern sogar Voraussetzung für ein profitables Unternehmen ist? Dann hätten wir das Dilemma gelöst. Dann könnten wir auf lokale Effizienzen verzichten.

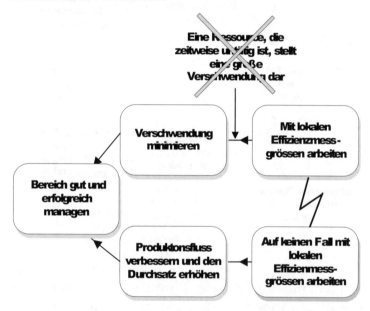

Die Ausgangsbedingungen für den Beweis:

- Für die Herstellung eines Produktes sind mehrere Ressourcen erforderlich, die in einer bestimmten Reihenfolge am Produkt arbeiten müssen.

- Murphy lebt! Störungen kommen vor, Anlagen müssen angehalten oder langsamer betrieben werden, Menschen werden krank.

Goldratt und die Theory of Constraints

Die folgende Abbildung zeigt fünf Ressourcen (A, B, C, D, E). Eine der Ressourcen (D) wollen wir zu 100% auslasten.

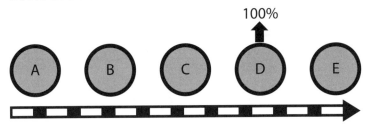

Da Murphy lebt, kann es passieren, dass A, B oder C gestört werden. D hat dann nach kurzer Zeit nichts mehr zu tun und steht still.

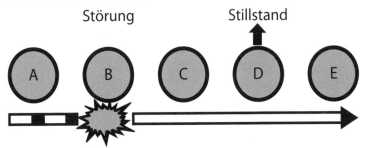

D soll aber zu 100% beschäftigt sein. Wir müssen vorbeugen: Direkt vor D bauen wir einen Arbeitsspeicher auf. So kommt D bei einer Störung von A, B oder C nicht zum Stillstand.

Goldratt und die Theory of Constraints

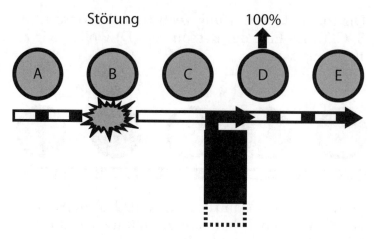

Was passiert, wenn die Störung beseitigt ist? A, B und C müssen nicht nur D mit Arbeit versorgen, sondern außerdem den Arbeitsspeicher wieder füllen. Und zwar schnell genug, um auf „Murphys nächsten Besuch" vorbereitet zu sein.

Was bedeutet das? A, B und C brauchen eine deutlich höhere Kapazität als D.

Mit anderen Worten: Wenn wir D voll auslasten wollen, brauchen wir **vor** D eine deutlich höhere Kapazität als bei D selbst, dürfen diese höhere Kapazität jedoch nicht zu 100% aktivieren.

Schlussfolgerung: Es gibt Ressourcen, die von Zeit zu Zeit untätig sein müssen, um dem System nicht zu schaden; die Annahme „eine untätige Ressource ist eine große Verschwendung" ist also falsch!

Stellen Sie sich darauf ein: Diese Argumentation wird bei einigen Führungskräften Schluckbeschwerden hervorrufen… aber schließlich werden sie es verdauen!

Und nun? Wie können Sie die Produktion steuern – ohne lokalen Effizienzen?

Lösung: Drum Buffer Rope

Drum

Der Engpass ist in der Produktion. Es können also nicht alle Aufträge sofort produziert werden. Eine Reihenfolge, ein Arbeitsplan muss festgelegt werden.

Der Durchsatz Ihres Unternehmens ist abhängig vom Engpass. Deshalb legen Sie den Arbeitsplan so fest, dass der Engpass optimal ausgenutzt wird. Mögliche Kriterien sind: Losgrößen, Rüstzeiten, Dringlichkeit der Aufträge, ...

Der Arbeitsplan des Engpasses gibt den Takt an, er ist die DRUM. An der DRUM orientieren sich alle anderen Produktionsabteilungen sowie die angrenzenden Bereiche: Materialbereitstellung, Versand etc.

Beispiel:[7]

DRUM (Arbeitsplan am Engpass)		
Zeit	Produkt	Menge
00:00 – 12:00 Uhr	P1	48 Stück
12:00 – 15:00 Uhr	P2	12 Stück
15:00 – 20:00 Uhr	P3	20 Stück
20:00 – 22:00 Uhr	P4	8 Stück

Buffer

Störungen an Ressourcen, die vor dem Engpass arbeiten, sollen nicht zu einem Stillstand des Eng-

---

[7] Arbeitszeit pro Stück: 15 Minuten

passes führen. Sorgen Sie deshalb dafür, dass stets genügend Arbeit für den Engpass vorhanden ist! Wie?

Legen Sie den Zeitabstand zwischen Materialfreigabe und Bearbeitung des Auftrages am Engpass fest.

Beispiel: 4 Stunden

Diesen Zeitabstand nennen wir BUFFER. Je länger der BUFFER, um so größer die Sicherheit gegen Störungen. Um so größer aber auch die Zwischenbestände und die Durchlaufzeit der Aufträge. Zwischen diesen Anforderungen muss abgewogen werden, um die BUFFER-Länge zu bestimmen.

Rope
Der Fortschritt der Arbeit am Engpass löst die Materialfreigabe aus.

Beispiel:

| DRUM (Arbeitsplan am Engpass) | | | Material- |
Zeit	Produkt	Menge	freigabe
00:00 – 12:00 Uhr	P1	48 Stück	
12:00 – 15:00 Uhr	P2	12 Stück	08:00 Uhr
15:00 – 20:00 Uhr	P3	20 Stück	11:00 Uhr
20:00 – 22:00 Uhr	P4	8 Stück	16:00 Uhr

Spannen Sie ein gedankliches Seil zwischen dem Arbeitstakt des Engpasses und der Materialfreigabe. Diesen Mechanismus bezeichnet die ToC als ROPE.

Beachten Sie dabei: „gebe nicht mehr Arbeit in das Gesamtsystem als die Engpass-Ressource verkraften kann"

Staffelläufer-Prinzip

Wenn die Mechanismen für Drum-Buffer-Rope eingeführt sind, kann das alte Prinzip „jeder muss ständig beschäftigt sein" aufgegeben werden.

Nun kann jede Ressource nach dem Staffelläufer-Prinzip arbeiten:

- Wenn Du Arbeit hast, dann erledige diese so schnell wie möglich!
- Wenn Du keine Arbeit hast, dann warte auf Arbeit (und bereite Dich ggf. auf die nächste Arbeit vor).

Buffer-Management

Das Material wird nach einer einfachen Regel in die Produktion gegeben: Zeitpunkt der Materialfreigabe = Zeitpunkt des Bedarfs am Engpass abzüglich BUFFER-Länge.

Nun ist die Länge des BUFFERs deutlich länger als die Zeit, die unter optimalen Bedingungen erforderlich ist, um das freigegebene Material bis an den Engpass zu bringen.

Um einen Überblick zu bekommen, unterteilen wir den BUFFER in drei Zonen:

- Zone 3: Aufträge für die bereits 2/3 oder mehr der BUFFER-Länge verstrichen sind, sollten sich bereits im Arbeitsspeicher vor dem Engpass befinden.

- Zone 2: Aufträge für die 1/3 bis 2/3 der BUFFER-Länge verstrichen sind, können bereits vor dem Engpass angekommen sein, insbesondere wenn es keinerlei Störungen in letzter Zeit gegeben hat und alles reibungslos läuft.
- Zone 1: Aufträge die gerade erst freigegeben wurden, werden noch nicht vor dem Engpass erwartet.

BUFFER

... noch nicht im Sicherheitsbestand	... mit hoher Wahrscheinlichkeit im Sicherheitsbestand	... bereits im Sicherheitsbestand

Erwartungsgemäß ist das freigegebene Material zu diesem Zeitpunkt ...

Zone 1 grün	Zone 2 gelb	Zone 3 rot
Freigabe des Materials	1/3 2/3	Eingeplant zur Verarbeitung am Engpass

Diese Einteilung können Sie nun nutzen, um Prioritäten zu setzen, z.B.:

- Wenn Aufträge bereits in der Zone 3 sein müssten, aber noch nicht sind, dann ist es erforderlich, diese zu beschleunigen.
- Wenn eine Ressource vor dem Engpass mehrere Aufträge zur Auswahl hat, dann werden zuerst die Aufträge aus Zone 3 bearbeitet.
- Wenn Unterstützungsfunktionen von mehreren Bereichen angefordert werden, dann gehen sie zuerst dorthin, wo die dringendsten Aufträge liegen.

Die Gefahr im Erfolg

Durch Drum-Buffer-Rope werden Durchlaufzeiten drastisch verkürzt und die Lieferzuverlässigkeit signifikant erhöht. Aufgrund dieser Verbesserungen kann eine erhöhte Nachfrage erwartet werden.

Schon eine leichte Steigerung der Nachfrage führt aber – wenn der Engpass in der Produktion ist – dazu, dass sich die Lieferzeiten wieder deutlich verlängern.

Kunden, die zuvor durch kurze Durchlaufzeiten und hohe Liefertreue verwöhnt wurden, reagieren auf solche Verschlechterungen empfindlich.

Vergrößern Sie rechtzeitig die Kapazität des Engpasses. Bereiten Sie die Engpass-Erweiterung frühzeitig vor, damit Sie nicht vom „plötzlichen Erfolg" überrascht werden.

Verschiebung des Engpasses

Eine Veränderung des Produkt-Mixes oder die Erweiterung des Engpasses können den Engpass verschieben. Sowie dies geschieht, wird sich an anderer Stelle als vor dem bisherigen Engpass ein Arbeitsspeicher aufbauen. Dies müssen wir dann zum Anlass nehmen, die DRUM neu zu bestimmen sowie BUFFER und ROPE neu zu justieren.

Denkanstöße

- Wer oder was gibt den Takt in Ihrer Produktion an?
- Wie oft bringen Eil-Aufträge den Produktionsplan durcheinander?
- Vor welchen Anlagen liegen wartende Aufträge?
- Welche spürbaren Auswirkungen hat das auf Ihr Unternehmen? Auf die Ergebnisse?

Zusammenfassung

Drum-Buffer-Rope, das Staffelläufer-Prinzip und das Buffer-Management ersetzen die lokalen Effizienzen.

- DRUM ist der Arbeitsplan der Engpass-Ressource

- BUFFER ist der zeitliche Abstand zwischen Materialfreigabe und Bedarf am Engpass. Die zeitliche Länge des BUFFERs wird so gewählt, dass sich vor dem Engpass ein genügend großer Sicherheitsbestand aufbauen kann.

- ROPE ist das Seil, das für die rechtzeitige Materialfreigabe sorgt.

Goldratt und die Theory of Constraints

- Das Staffelläufer-Prinzip ist die neue Arbeitsregel (statt: „jeder muss ständig beschäftigt sein").

- Buffer-Management ermöglicht es, die richtigen Prioritäten an den Nicht-Engpässen und in den unterstützenden Funktionen zu setzen.

Und die Finanzen?

Oh ja, die „Engpass-Denke" hat weitreichende Konsequenzen – besonders im Bereich der finanziellen Kennzahlen und Entscheidungen! Ihre Führungskräfte werden umdenken müssen ... Warum?

„Sage mir, wie Du mich misst und ich sage Dir, wie ich mich verhalten werde."

Aber: Gängige betriebswirtschaftliche Kennzahlen führen zu unternehmerischen Fehlentscheidungen. Es besteht Handlungsbedarf.

Problem: die Kostenrechnung

Wir haben schon einmal darüber gesprochen: Manager sind „kostenfixiert" und daher zu wenig auf den Durchsatz ausgerichtet. Was aber ebenso dramatisch ist: die kosten-orientierte Kennzahlenwelt erzeugt schwerwiegende Fehlentscheidungen. Hier einige Beispiele:

Kostenbetrachtungen

Angenommen, eine Anlage fällt für einen gewissen Zeitraum, z.B. eine Stunde aus. Den Schaden, der dadurch entsteht, hätten wir nach bisheriger Betrachtung aus den Kosten der Anlage abgeleitet.

Wenn jedoch diese Anlage der Engpass des Gesamtsystems ist, dann ist der Schaden der verlorene Durchsatz des Gesamtsystems für eine Stunde.

Wenn diese Anlage nicht der Engpass des Gesamtsystems ist und der Engpass des Gesamtsystems durch den Ausfall der Anlage auch nicht behindert wird, dann gibt es keinen Schaden durch den Ausfall der Anlage (abgesehen von Reparaturkosten o.ä.).

Welche Auswirkungen hat der engpassgeschärfte Blick auf die Geschwindigkeit, in der über Reparatur oder Ersatz-Beschaffung entschieden wird?

Arbeitsverteilung
Die Entscheidung, welche Ressource welche Arbeit erledigen soll, wird klassisch durch die Kostenrechnung bestimmt: die Ressource, die eine Aufgabe am günstigsten erledigen kann, muss sie auch tun.

Wenn wir einen Engpass identifiziert haben und es möglich ist, diesen Engpass von Aufgaben zu entlasten, dann muss dies auch geschehen. Denn: Eine Stunde gespart am Engpass, bedeutet eine Stunde mehr Durchsatz für das Gesamtsystem. Alle anderen Ressourcen haben Überkapazität, so dass es völlig unproblematisch ist, wenn sie den Engpass entlasten – auch wenn das – laut Kostenrechnung – „teurer" ist.

Investitionsentscheidungen
Ob sich eine Investition lohnt, wird oft auf Basis einer erwarteten Kostenersparnis kalkuliert und bewertet.

Ein Beispiel: Sie wollen über die Beschaffung einer neuen Maschine entscheiden. Details dazu:

- Kosten der neuen Maschine: 100.000 €

Goldratt und die Theory of Constraints

- Die neue Maschine ist doppelt so schnell wie die vorhandene Maschine: Die alte Maschine produziert 6 Stück/Stunde, die neue Maschine produziert 12 Stück/Stunde.
- Zu produzierende Stückzahl/Jahr: 30.000 Stück
- Arbeitslohn: 8 €/Stunde
- Overhead-Faktor: 4

Wie berechnen Sie, ob sich die Beschaffung der neuen Maschine tatsächlich „lohnt"?

Das übliche Vorgehen: Zuerst wird die eingesparte Zeit pro Stück berechnet: 10 Min (alte M.) – 5 Min (neue M.) = 5 Minuten/Stück

Das Ergebnis wird auf das Jahr hochgerechnet: 5 Min/Stück · 30.000 Stück/Jahr = 2.500 Std/Jahr

Die Zeit wird in Kostenersparnis umgerechnet.

- Kosteneinsparungen pro Stunde: Arbeitslohn + Overhead = 8 €/Stunde + (4 · 8 €/Stunde) = 40 €/Stunde.
- Kosteneinsparungen pro Jahr: 40 €/Stunde · 2.500 Stunden = 100.000 €

Schließlich wird die Amortisationszeit berechnet: Kosten der Maschine (100.000 €) / Kosteneinsparungen pro Jahr (100.000 €/Jahr) = 1 Jahr.

Aber: Werden Sie das Geld für die neue Maschine tatsächlich nach einem Jahr wieder in der Kasse haben?

Goldratt und die Theory of Constraints

Diese Frage lässt sich nur beantworten, wenn Sie eine weitere Information kennen: Ist die alte (und neue) Maschine am Engpass eingesetzt?

Sie ist nicht am Engpass eingesetzt? Dann gibt es keine Chance, dass wir die 100.000 € nach einem Jahr wieder in der Kasse haben. Durch die neue Maschine wird nicht mehr verkauft. Es entsteht kein erhöhter Durchsatz. Die Kosten sind nur auf dem Papier gespart.

Wenn die Maschine jedoch am Engpass eingesetzt ist, dann sieht die Rechnung anders aus: Nehmen wir an, die Maschine ist nicht doppelt so schnell, sondern nur 10 % schneller als die alte Maschine. Dann wäre die Amortisationszeit nach üblicher Berechnung 10 Jahre. Die Investition würde nicht erfolgen.

Aber: Die Maschine erweitert den Engpass, erhöht also den Umsatz des Unternehmens um 10%. Wenn nun Ihr Unternehmen bisher 10 Mio € Umsatz macht, davon 50 % Rohmaterialkosten sind, Sie also bisher einen jährlichen Durchsatz von 5 Mio € haben, dann erhöht sich der Durchsatz um 500.000 € pro Jahr und die neue Maschine ist innerhalb weniger Monate bezahlt.

Schlussfolgerung: Die kostenorientierte Amortisationsrechnung provoziert gefährliche Fehlentscheidungen.

Make-or-buy-Entscheidungen
Über Make-or-buy entscheiden Unternehmen auf Basis eines Vergleichs zwischen internen Kosten und Einkaufspreisen.

Goldratt und die Theory of Constraints

Beispiel: Wenn Sie ein bestimmtes Teil selbst produzieren, entstehen dadurch folgende Kosten:

- Rohmaterial: 5,00 €/Stück
- Arbeitslohn: 10,00 €/Stunde
- Arbeitszeit/Stück: 15 Minuten
- Overhead-Faktor: 4
- Kosten pro Stück also: 17,50 €/Stück

Wenn nun dieses Teil für 10,00 €/Stück eingekauft werden könnte, würde das Unternehmen 7,50 € pro Stück sparen. Aber ist das richtig? Werden sich diese 7,50 €/Stück tatsächlich auf der positiven Seite der GuV-Rechnung bemerkbar machen?

Outsourcing führt nicht zu einer Reduzierung des Overheads (eher zum Gegenteil). Outsourcing führt auch nicht zu einer Verringerung der Lohnkosten (es sei denn, die Mitarbeiter werden tatsächlich entlassen). Was tatsächlich eingespart werden kann, ist das Rohmaterial, also 5 €/Stück.

Wenn Sie das Teil für 10 €/Stück einkaufen, erhöht das also die tatsächlichen Kosten um 5 €/Stück.

Wie aber sieht die Rechnung aus, wenn die Teile vom Engpass bearbeitet werden müssen? Dann vergleichen Sie nicht die Rohmaterialkosten mit dem externen Preis, sondern mit dem durch das Outsourcing zusätzlich erzielten Durchsatz.

Beispiel:

- Das Unternehmen produziert 1.000 Stück des Produktes.

- Für die Herstellung dieser 1.000 Stück braucht das Unternehmen 3 % der Kapazität seines Engpasses.
- Das Unternehmen macht 10 Mio € Umsatz und hat 50 % Rohmaterialkosten.

Wenn wir das Teil outsourcen, setzen wir also 3 % der Engpass-Ressource frei, die wir für zusätzliche Produktion verwenden können.

3 % von 10 Mio € sind 300.000 € - davon sind 50 % Rohmaterialkosten, verbleiben also 150.000 €.

Diese 150.000 € könnten wir für den Zukauf von Teilen einsetzen – ohne Geld verloren zu haben. Selbst wenn eines dieser Teile nicht „nur" 10 €, sondern sogar 30 € kosten würde, würden wir für 1.000 Teile 30.000 € ausgeben und hätten immer noch einen satten Gewinn gemacht:

- Zusätzlicher Durchsatz   150.000 €
- Kosten für die 1.000 Teile   - 30.000 €
- Eingespartes Rohmaterial   + 5.000 €
- Zusätzlicher Gewinn   125.000 €

Mit der klassischen Bewertungsmethode hätten wir uns nicht für Outsourcing entschieden.

Schlussfolgerung: Die kostenorientierte Make-or-buy-Rechnung provoziert Fehlentscheidungen.

Bewertung des Unternehmenserfolges
Der Erfolg des Unternehmens als Ganzes wird durch Bilanz und Gewinn- und Verlusrechnung (GuV) bewertet. Eine Aktivposition in der Bilanz

sind die Bestände. Aufwendungen für den Bestandsaufbau dürfen erst bei Veräußerung verbucht werden. In der GuV ist die Veränderung der Bestände also folgendermaßen sichtbar:

Eine Erhöhung von Beständen erhöht das Vermögen des Unternehmens, wirkt sich also positiv auf die GuV aus. Eine Reduzierung der Bestände dagegen verringert das Vermögen des Unternehmens; und eine Vermögensabnahme wirkt sich negativ in der GuV aus.

Andererseits wissen wir aber, dass (zu hohe) Bestände eine extreme Belastung darstellen. Die Senkung der Bestände bis auf das Niveau der erforderlichen Sicherheitsbestände erhöht Flexibilität und Qualität.

Wir haben also ein handfestes Dilemma:

Um das Unternehmen erfolgreich zu managen, muss das Unternehmen Gewinn machen. Um Gewinn zu machen, dürfen Bestände nicht reduziert werden.

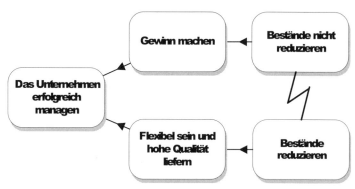

Um das Unternehmen erfolgreich zumanagen, muss es flexibel sein und hohe Qualität liefern. Um flexibel zu sein und hohe Qualität liefern zu können, müssen Bestände reduziert werden.

In dieser Situation gibt es keinen Kompromiss. Wenn die Bestände reduziert werden, verschlechtert sich dadurch das Unternehmensergebnis. Wenn die Bestände erhöht werden, verschlechtert sich die Flexibilität.

Schlussfolgerung: Bei der Bewertung der Bestände in Bilanz und GuV widerspricht das klassische Rechnungswesen dem gesunden Menschenverstand und provoziert gefährliche Fehlentscheidungen.

Bewertung von Profitcentern
Unternehmensteile sind oft als Profitcenter organisiert. Das sind Subsysteme, die Produkte/Leistungen von anderen Subsystemen einkaufen oder an andere Subsysteme verkaufen.

Damit dieser interne Verkauf möglich ist, werden Transferpreise festgelegt:

- Kosten für den Einkauf von Teilen/Rohmaterial
- plus Lohnkosten - multipliziert mit dem Overhead-Faktor
- plus Marge (prozentualer Aufschlag)

Welche Auswirkungen hat diese Vorgehensweise?

Wenn die Kosten (Rohmaterial oder Lohnkosten) steigen, steigen die Transferpreise und damit steigt der Gewinn des Profitcenters. Wenn die Kosten sinken, sinken die Transferpreise, und damit schrumpft der Gewinn des Profitcenters.

Verbesserungen in Unternehmensteilen bestehen aber oft darin, das gleiche Ergebnis mit geringerem Aufwand zu erzeugen, also Kosten zu sparen. Die Verrechnung von Transferpreisen führt also dazu, dass Verbesserungen verhindert werden und – im Gegenteil – Verschlechterungen für das Unternehmen (steigende Kosten) zu einer Verbesserung von Profitcenterergebnissen und möglicherweise einer Belohnung der Profitcenter führt.

Weitere Auswirkungen der Profitcenter-Rechnung:

- Jedes Profitcenter will/muss Gewinn machen.
- Transferpreise werden mit Gewinnmarge weiterberechnet.
- Der Vertrieb muss diese Preise „verkaufen".

Deutsche Automobilzulieferer haben in den letzten zehn Jahren viele Millionen € große Aufträge durch diese Vorgehensweise verloren.

Schlussfolgerung: Die klassische Vorgehensweise bei der Bewertung der Leistung von Unternehmensteilen führt zu unternehmerischen Fehlentscheidungen, die die Existenz des Unternehmens gefährden können.

Profitabilität von Produkten
Die Profitabilität eines Produktes wird durch die Kalkulation von „Produktkosten" berechnet: Solange der Verkaufspreis höher ist als die Produktkosten, verdient das Unternehmen Geld mit dem Verkauf des Produktes. Richtig?

Goldratt und die Theory of Constraints

Betrachten wir dazu als Beispiel ein Unternehmen, das zwei Produkte herstellt; das Beispiel ist bewusst einfach gehalten, um es gut rechnen zu können.

Die Details:

- Zwei Produkte (X und Y) werden hergestellt und verkauft. Es gibt nur diese zwei Produkte!
- Die Verkaufspreise sind 95 € pro Stück für X und 110 € pro Stück für Y. Die Preise sind stabil!
- Der wöchentliche Bedarf ist 100 Stück von X und 50 Stück von Y. Der Bedarf ist stabil!
- Es gibt vier Ressourcen A, B, C, D. Jede Ressource steht 40 Stunden/Woche zur Verfügung. Die Ressourcen sind gleich teuer.
- Die Betriebskosten des Systems betragen 6.000 €/Woche.
- Die Zeit, die jede Ressource braucht, um die Produkte herzustellen, ist bekannt und ändert sich nicht (siehe Abbildung rechts).
- Die Rohmaterialkosten und die Kosten für Zukaufteile sind bekannt und ändern sich nicht (siehe Abbildung rechts).

Bevor Sie nun weiter lesen, nehmen Sie sich die Zeit und versuchen Sie, die folgenden Fragen zu beantworten:

- Gibt es einen Engpass? Wenn ja, wo ist er?
- Welches Produkt bringt dem Unternehmen mehr Geld ein?

- Wieviel Stück von X und wieviel Stück von Y sollen produziert und verkauft werden, damit das Unternehmen bestmöglich verdient?
- Wieviel Gewinn (oder Verlust) macht das Unternehmen dann?

Halt! Lesen Sie nicht weiter, bevor Sie es nicht versucht haben ... Sie bringen sich sonst selbst um das Vergnügen und die entstehenden Erkenntnisse!

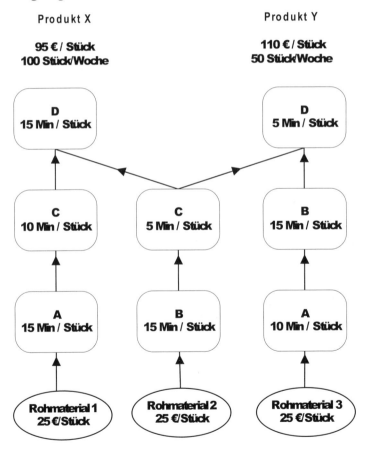

Goldratt und die Theory of Constraints

Gibt es einen Engpass?
Sind die vorhandenen Ressourcen ausreichend, um den kompletten Bedarf an den Produkten X und Y zu befriedigen?

Jede Ressource steht 2.400 Minuten/Woche zur Verfügung (40 Stunden · 60 Minuten). Die Tabelle zeigt, wie hoch der Bedarf an den einzelnen Ressourcen pro Woche ist, um die Produkte X und Y herzustellen:

	X	Y	Summe	Verfügbar
A	1.500	500	2.000	2.400 Minuten
B	1.500	1.500	3.000	2.400 Minuten
C	1.500	250	1.750	2.400 Minuten
D	1.500	250	1.750	2.400 Minuten

Wir haben also nicht genügend Ressourcen, um den kompletten Bedarf an beiden Produkten zu befriedigen; Ressource B ist der Engpass.

Die Geschäftsführung muss nun entscheiden: Welches Produkt soll komplett produziert werden (X oder Y)? Und welches mit der verbleibenden Kapazität? Dazu müssen wir wissen:

Welches Produkt bringt mehr Geld ein?
Um diese Frage beantworten zu können, werden zunächst die Kosten für die Ressourcen so heruntergebrochen, dass sie auf die Produkte verteilt werden können:

Betriebskosten	6.000	€ pro Woche
Geteilt durch 4 Ressourcen	1.500	€ pro Woche pro Ressource

Goldratt und die Theory of Constraints

Geteilt durch 2400 Minuten	0,625	€ pro Minute pro Ressource

Dann werden die Material- und Arbeitskosten vom Verkaufspreis abgezogen und so festgestellt, wieviel Gewinn das Produkt (pro Stück) bringt:

	X		Y	
Verkaufspreis		95,00 €		110,00 €
- Materialkosten		50,00 €		50,00 €
- Arbeitskosten (0,625 €/Min)	60 Min	37,50 €	50 Min	31,25 €
Produktergebnis		7,50 €		28,75 €

Y bringt mehr. Die Entscheidung ist leicht zu treffen: Wir produzieren 50 Stück Y und nutzen den Rest der Kapazität für das Produkt X.

Wieviel Gewinn machen wir?

Umsatz Y: 50 Stück · 110 €	5.500 €
Umsatz X: Die 50 Stück Y haben 1.500 Minuten der Engpass-Ressource B verbraucht – es verbleiben also 900 Minuten. X braucht pro Stück 15 Minuten von B, also können noch 60 Stück von X hergestellt werden: 60 Stück · 95 €	5.700 €
Rohmaterial und Zukaufteile Y: 50 Stück · 50 € = 2.500 € X: 60 Stück · 50 € = 3.000 €	-5.500 €
Betriebskosten	-6.000 €
Unternehmens-Ergebnis (pro Woche)	-300 €

Goldratt und die Theory of Constraints

Obwohl beide Produkte ein positives Produktergebnis ausweisen, hat das Unternehmen bei dieser Entscheidung einen Verlust gemacht. Das ist bedenkenswert.

Deshalb untersuchen wir zur Kontrolle, wie es wäre, wenn wir das Produkt X bevorzugen, also 100 · X produzieren und die restliche Kapazität für Y verwenden.

Umsatz X: 100 Stück · 95 €	9.500 €
Umsatz Y: Die 100 Stück X haben 1.500 Minuten der Engpass-Ressource B verbraucht – es verbleiben also 900 Minuten. Da Y pro Stück 30 Minuten der Engpass-Ressource benötigt, können noch 30 Stück von Y hergestellt werden: 30 Stück · 110 €	3.300 €
Rohmaterial / Zukaufteile X: 100 Stück · 50 € = 5.000 € Y: 30 Stück · 50 € = 1.500 €	-6.500 €
Betriebskosten	-6.000 €
Unternehmens-Ergebnis (pro Woche)	**300 €**

Die Berechnung der Produkt-Ergebnisse auf Basis der Produktkosten hat ganz eindeutig ergeben, dass das Produkt Y rentabler ist als das Produkt X.

Wenn wir entsprechend dieser Berechnung handeln, erzeugen wir einen Verlust für das Unternehmen. Handeln wir aber entgegen der Empfehlung, die aufgrund der Produktkosten errechnet wurde, dann erzeugen wir einen Gewinn für das Unternehmen.

Schlussfolgerung: Die Berechnung von Produktkosten provoziert Fehlentscheidungen, die die Existenz des Unternehmens auf Spiel setzen können.

Zusammenfassung der Schwierigkeiten

Alle untersuchten Kennzahlen können zu Ergebnissen führen, die für das Unternehmen und seine wirtschaftliche Zukunft gefährlich sind:

- Bewertung/Messung des Unternehmenserfolges (Bilanz, Gewinn- und Verlustrechnung)
- Investitionsentscheidungen (Amortisationsrechnung)
- Make-or-buy-Entscheidungen
- Bewertung der Leistung von Unternehmensteilen (Profitcenter)
- Profitabilität von Produkten und Leistungen (Produktkosten)

Warum werden diese Kennzahlen dennoch genutzt? Was ist das eigentliche Problem?

Dilemma: Durchsatz vs. Kosten

Um erfolgreich zu sein, müssen für Ihr Unternehmen zwei grundlegend gegensätzliche Bedürfnisse erfüllt werden:

Auf der einen Seite müssen Sie den Durchsatz fördern und steigern, um im zunehmenden, harten Wettbewerb bestehen zu können.

Auf der anderen Seite müssen Sie die Kosten kontrollieren und senken, um dem zunehmenden Druck gerecht zu werden, (weiterhin) profitabel zu sein.

Diese beiden Ansprüche kollidieren sehr viel mehr miteinander, als wir es intuitiv bereits erfassen.

Die Ketten-Analogie

Ein Unternehmen besteht aus vielen Funktionsbereichen, die abhängig voneinander sind: Vorleistungen eines Bereiches sind erforderlich, damit ein anderer Bereich daran weiter arbeiten kann. Sie können ein Unternehmen als eine Kette betrachten, die aus vielen miteinander verbundenen (und voneinander abhängigen) Gliedern besteht.

Den Konflikt „Kosten kontrollieren und senken" und „Durchsatz schützen und steigern" können wir sehr gut durch die Ketten-Analogie verstehen.

Die Kette in der „Kostenwelt" managen

Kosten werden in jedem Bereich des Unternehmens erzeugt und zeichnen sich dadurch aus, dass sie der Additiv-Regel folgen: die Kosten des Unternehmens sind gleich der Summe seiner Teile.

Das Gewicht der Kette entspricht den Kosten: Die Kette wiegt soviel wie die Summe der Kettenglieder.

Wird nun das Gewicht der Kette als ihre wichtigste Eigenschaft betrachtet, dann besteht eine Verbesserung der Kette darin, dass man sie leichter macht. Wenn nur ein einziges Kettenglied leichter wird, macht dies schon die ganze Kette leichter. In Bezug auf das Gewicht der Kette sind lokale Verbesserungen automatisch auch globale Verbesserungen.

Das gilt auch für die „Kostenwelt" des Unternehmens: Eine Kosten-Entscheidung ist dann „gut", wenn sie zu einer Verbesserung des eigenen Bereiches führt, weil davon ausgegangen wird, dass eine Verbesserung des eigenen Bereiches immer auch automatisch eine Verbesserung des Gesamtunternehmens ist.

Deshalb wird in der „Kostenwelt" jeder einzelne an seinen lokalen Verbesserungen gemessen und Kennzahlen sind auf lokale Optimierung ausgerichtet.

Die Kette in der „Durchsatzwelt" managen

Durchsatz zeichnet sich dadurch aus, dass er – im Gegensatz zu den Kosten – der Additiv-Regel nicht folgt: Der Durchsatz zweier Abteilungen, wobei die eine von der anderen „gefüttert" wird, ist nicht gleich der Summe des Durchsatzes beider Abteilungen.

Der Durchsatz entspricht der Stärke einer Kette: Die Kette ist nicht so stark wie die Summe ihrer Glieder.

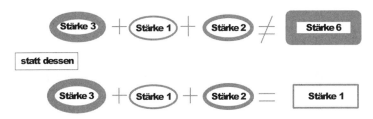

Ist die Stärke der Kette ihre wichtigste Eigenschaft, dann besteht eine Verbesserung der Kette darin, dass man sie stärker macht. Das geht aber nicht durch Stärkung eines beliebigen einzelnen Gliedes. Eine Verbesserung bei einem einzelnen Kettenglied ist noch nicht einmal ein Hinweis auf die Verbesserung der gesamten Kette.

Das gilt auch für die „Durchsatzwelt" des Unternehmens: In der „Durchsatzwelt" sind lokale Verbesserungen nicht einmal ein Hinweis auf die Verbesserung des gesamten Unternehmens. In der „Durchsatzwelt" können Verbesserungen des Unternehmens nicht dadurch erzeugt werden, dass man jeden einzelnen auffordert, besser zu werden und ihn dementsprechend an seinen Verbesserungen misst.

In der „Durchsatzwelt" dürfen Aktivitäten und Entscheidungen NICHT im Hinblick auf ihre lokalen Auswirkungen beurteilt werden.

Der Kernkonflikt
Einerseits: Um das Unternehmen erfolgreich zu managen, müssen Kosten kontrolliert und gesenkt werden. Dazu müssen Entscheidungen im Hinblick auf ihre lokalen Auswirkungen beurteilt werden.

Andererseits: Um das Unternehmen erfolgreich zu managen, muss der Durchsatz geschützt und gesteigert werden. Dazu dürfen Entscheidungen NICHT im Hinblick auf ihre lokalen Auswirkungen beurteilt werden.

In diesem Dilemma befinden wir uns, weil viele Entscheidungen sowohl Auswirkungen auf den

Durchsatz als auch auf die Kosten haben (z.B. Kauf einer Maschine, Bestandserhöhung, Genehmigung von Überstunden).

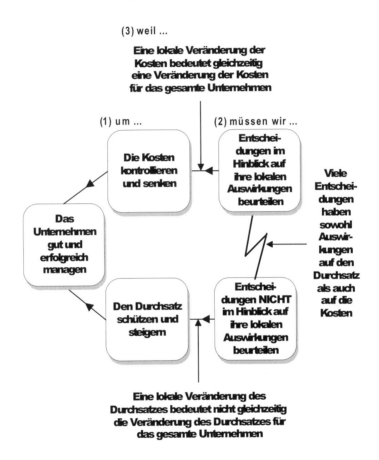

Wie können wir diesen Kernkonflikt auflösen? Wie können wir ein Management- und Kennzahlen-Modell entwickeln, in dem es diesen Widerspruch zwischen Kosten und Durchsatz nicht gibt?

Folgen Kosten wirklich der Additivregel?

Die Kettenanalogie hinkt:

In einer Kette hat eine Gewichtsreduzierung eines einzelnen Gliedes keine Auswirkungen auf das Gewicht der anderen Glieder. In Unternehmen dagegen führt eine Kostenreduzierung in einer Abteilung oftmals dazu, dass die Kosten in anderen Bereichen steigen oder sonstige Nachteile entstehen.

Beispiele sind:

- Aufwand innerhalb einer Abteilung einsparen, indem Informationen anders oder nicht mehr dokumentiert werden, führt zu Mehrarbeit oder Fehlern in anderen Bereichen

- Einkaufskosten senken, indem auf günstigere Lieferanten ausgewichen wird, führt zu Schwierigkeiten im Produktionsanlauf

- Transportkosten senken, indem die Laster bis oben hin beladen werden, führt dazu, dass Ware nicht vorhanden ist, wenn der Kunde sie kaufen möchte

Schlussfolgerung

Lokale Kosteneinsparungen führen keineswegs immer zu globalen Verbesserungen. Sie dürfen nicht unter lokalen Gesichtspunkten betrachtet werden.

Goldratt und die Theory of Constraints

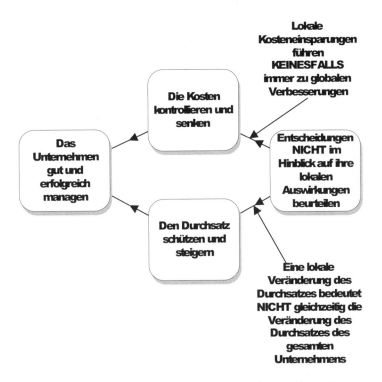

Damit ist der Kernkonflikt aufgelöst. Nun haben wir die Aufgabe, ein Kennzahlensystem zu gestalten, das in jeder Hinsicht auf die Verbesserung der Gesamtorganisation ausgerichtet ist und es jedem Einzelnen ermöglicht, seine (lokalen) Aktivitäten und Entscheidungen im Hinblick auf die Auswirkungen auf das Gesamtunternehmen zu bewerten. Wie kann dieses Kennzahlensystem aussehen?

Lösung: Das Durchsatz-Rechnungswesen

Die Grundzüge der Lösung sind Ihnen bekannt: Erinnern Sie sich an die Kennzahlen Durchsatz (D), Bestände/Investitionen (BI) und Betriebskosten

(BK). Diese Kennzahlen eignen sich hervorragend, um Entscheidungen unter Berücksichtigung des jeweiligen Engpasses zu treffen. Wie das geht, möchte ich Ihnen hier zeigen:

Was verdienen wir an unseren Produkten?

Ein Produkt (eine Leistung) hat keine „eigene" Profitabilität, aber es beeinflusst, wie wirtschaftlich das Unternehmen ist. Es leistet einen Beitrag dazu.

Der Durchsatz des Unternehmens ist vom Durchsatz des Engpasses abhängig. Wie gut das Produkt ist, erkennen wir daher am Verhältnis zwischen Durchsatz und Engpass-Verbrauch.

Je besser dieses Verhältnis ist, um so mehr trägt das Produkt zum Gewinn bei.

Die Schritte zur Ermittlung dieser Kennzahl:

- Den Engpass finden
- Den Durchsatz, den das Produkt erzeugt ermitteln (Durchsatz = Verkauf − TotalVariableKosten)
- Ermitteln, wie viele Engpass-Einheiten durch das Produkt verbraucht werden (Engpass-Einheiten sind die [Zeit-]Einheiten des Engpasses, die für die Erzeugung des Durchsatzes gebraucht werden)
- Das Verhältnis zwischen Durchsatz und Engpass-Verbrauch errechnen

Beispiel:

Goldratt und die Theory of Constraints

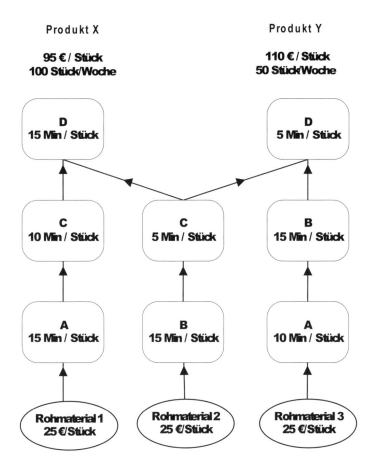

Engpass finden
Das haben wir bereits: Ressource B ist der Engpass.

Durchsatz, den das Produkt erzeugt, ermitteln
(Durchsatz = Verkauf – TotalVariableKosten)

Goldratt und die Theory of Constraints

	Produkt X	Produkt Y
Verkaufspreis/Stück	95 €	110 €
TotalVariableKosten/Stück	50 €	50 €
Durchsatz/Stück	45 €	60 €

Engpass-Verbrauch ermitteln

	Produkt X	Produkt Y
Engpass-Minuten, die das Produkt verbraucht	15 Minuten	30 Minuten

Verhältnis zwischen Durchsatz und Engpass-Verbrauch errechnen

	Produkt X	Produkt Y
Durchsatz/Stück	45 €	60 €
Engpass-Verbrauch	15 Min.	30 Min.
Durchsatz/Engpass-Einheit	3 €/Min.	2 €/Min.

X holt mehr Durchsatz aus dem Engpass heraus als Y.

Unternehmensgewinn

Nun können wir das Unternehmensergebnis auch viel leichter errechnen:

Durchsatz aus X	100 Stück · 45 €/Stück	4.500 €
Durchsatz aus Y	30 Stück · 60 €/Stück	1.800 €
Durchsatz gesamt		6.300 €
Betriebskosten		-6.000 €
Unternehmens-Ergebnis		300 €

„Durchsatz/Engpass-Einheit" zeigt, wie gut der Engpass durch das Produkt ausgenutzt wird. Und: „Durchsatz/Engpass-Einheit" ist wesentlich einfacher zu errechnen, als die so genannten „Produktkosten", die uns in die Irre geführt haben.

Lohnt sich die Investition?

Ob sich eine Investition lohnt, erkennen wir am Return on Investment (RoI), der sich so berechnet:

RoI = (ΔD − ΔBK) / ΔBI

Um eine Investition beurteilen zu können, müssen wir also wissen, wie die Investition voraussichtlich wirkt auf:

- den Durchsatz (D)
- die Betriebskosten (BK)
- die Höhe der Investitionen und Bestände (BI)

Wirkung der Investition auf den Durchsatz

Unser Beispiel: Den Durchsatz können wir beeinflussen, indem wir

- die Engpass-Kapazität erhöhen (dann könnten wir mehr Y produzieren),
- die Nachfrage nach X erhöhen (dann könnten wir mehr von X verkaufen, was ja für das Unternehmen lohnender ist als der Verkauf von Y),
- die Kosten für Rohmaterial oder Zukaufteile senken.

Im Detail:

Engpass-Kapazität erhöhen

Gesetzt den Fall, wir könnten durch eine Investition die Engpass-Kapazität um 10 % (240 Minuten) erhöhen. Der Bedarf an X ist bereits abgedeckt. Wir nutzen also die zusätzliche Kapazität, um mehr von

Y herzustellen. Y bringt uns 2 €/Engpass-Minute. Die 240 Minuten bringen uns also 480 €/Woche.

Alternativ: Wir kaufen eine zweite Maschine vom Typ B und verdoppeln dadurch die Kapazität von B. Dann hätten wir mehr als genug Kapazität (bei B und auch bei den anderen Ressourcen), um die gesamte Nachfrage nach X und Y zu befrieden. Wir könnten also zusätzlich 20 Stück Y produzieren und verkaufen. Die Investition bringt uns 1.200 € (20 Stück · 60 €) Durchsatzgewinn pro Woche. Gleichzeitig hat sich der Engpass in den Markt verschoben: wir haben jetzt eine höhere Kapazität als der Markt von uns haben will.

Erhöhung der Nachfrage nach X
Angenommen, wir erhöhen durch eine Investition (z.B. in eine Werbemaßnahme) die Nachfrage nach X um 10 Stück/Woche. X bringt dem Unternehmen mehr Durchsatz je Engpass-Minute als Y (X: 3 €/Min.; Y: 2 €/Min.). Daher entscheiden wir uns, zusätzlich 10 Stück von X zu produzieren – zu Lasten von Y.

Ein Stück X verbraucht 15 Minuten von B, wir benötigen also 150 Minuten von B. Dadurch gewinnen wir 150 €.

Senkung der Kosten für Rohmaterial oder Zukaufteile
Vielleicht können wir auch durch eine Investition die Kosten für das Rohmaterial für X um 5 €/Stück senken. Dann erhöht sich der Durchsatz um 500 € pro Woche, da wir 100 Stück von X in der Woche produzieren und verkaufen.

Zusammengefasst:
- Investitionen können den Engpass erweitern.
- Die Erhöhung der Engpass-Kapazität kann zu einer Verschiebung des Engpasses führen. Der neue Engpass muss dann bei der Berechnung der Durchsatz-Erhöhung berücksichtigt werden.
- Investitionen können auch auf eine bessere Ausnutzung des Engpasses ausgerichtet sein.
- Investitionen können auch zu einer Durchsatzerhöhung durch Kostensenkung von Rohmaterial oder Zukaufteilen führen.

Wirkung der Investition auf die Betriebskosten
Eine Senkung der Betriebskosten wird oft mit einer Einsparung von Arbeitszeit begründet. Wenn die freiwerdenden Mitarbeiter nicht entlassen werden, ist das jedoch nur ein Spiel mit Zahlen.

Allerdings kann eine Investition die Betriebskosten erhöhen (z.B. Wartung, Instandhaltung, Bedienung der Maschine). Das wird oft vergessen.

Wirkung der Investition auf die Höhe der Bestände und Investitionen (BI)
Die erste Wirkung ist unmittelbar: eine Investition vergrößert die Menge des im Unternehmen gebundenen Geldes.

Darüber hinaus hat eine Investition aber auch Einfluss auf die Bestände, insbesondere auf die zur Sicherung des Engpasses vorhandenen Zwischenbestände.

Folgende Fälle können auftreten:

Fall 1: Die Investition erhöht die Engpass-Kapazität, der Engpass bleibt aber bestehen. Jetzt muss der erweiterte Engpass stärker als zuvor abgesichert werden: entweder durch die Erhöhung des Sicherheitsbestandes vor dem Engpass (Investition in Bestände) oder durch die Erhöhung der Kapazität der zuliefernden Maschinen (Investitionen in Anlagen). Beides erhöht BI.

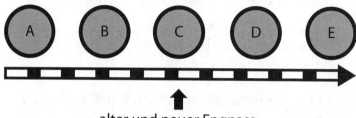

alter und neuer Engpass

Fall 2: Die Investition erhöht die Kapazität des (bisherigen) Engpasses und der Engpass verschiebt sich „downstream". Jetzt ist der neue Engpass von mehr vorgelagerten Anlagen abhängig als der alte. Der Sicherheitsbestand muss vergrößert werden. Das erhöht BI.

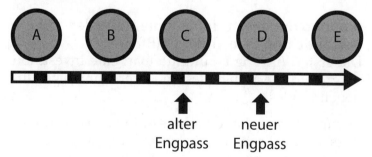

alter   neuer
Engpass   Engpass

Fall 3: Die Investition erhöht die Kapazität des (bisherigen) Engpasses und der Engpass verschiebt sich „upstream". Jetzt ist der neue Engpass von weniger vorgelagerten Anlagen abhängig als der alte Engpass. In diesem Fall kann der Sicherheitsbestand verringert werden. Das senkt BI.

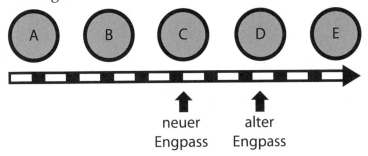

Fall 4: Die Investition erhöht nicht die Kapazität des Engpasses sondern der Ressource, die bisher (z.B. durch Störungen) immer das größte Loch im Sicherheitsbestand verursacht. Jetzt kann der Sicherheitsbestand vor dem Engpass verkleinert werden. Wir reduzieren also BI durch eine Reduktion von Beständen.

Selbst produzieren oder einkaufen?

Make-or-buy-Entscheidungen können nur dann fundiert getroffen werden, wenn bei der Entscheidungsfindung die Wirkung auf den Engpass berücksichtigt wird.

Wenn Outsourcing dazu führt, dass Kapazität am Engpass frei wird, dann können wir die Kosten der externen Beschaffung dem zusätzlich möglichen Durchsatz des Unternehmens gegenüber stellen.

Goldratt und die Theory of Constraints

Wenn die Entscheidung die Kapazität des Engpasses nicht beeinflusst, dann sparen wir nur Rohmaterial ein.

Beachten Sie bitte zusätzlich:

Out- oder Insourcing verändert in aller Regel die Bestände (Puffer). Und das müssen wir bei der Make-or-buy-Entscheidung berücksichtigen.

Und die Bestände?

Eines der größten Probleme, die uns das Rechnungswesen beschert, ist der Umgang mit Beständen: Bestände sind eine Belastung für das Unternehmen, weil sie unsere Wettbewerbsfähigkeit verringern. Dennoch werden Bestände in der Buchhaltung, der Gewinn- und Verlustrechnung sowie in der Bilanz als Vermögen gewertet. Zudem verhindern gesetzliche Regelungen die Wertung von Beständen als Belastung.

Die Lösung dafür ist, dass Sie Ihre Bestände mit dem Einkaufspreis bewerten, d. h. dass Sie keine „Wertschöpfung" auf die Bewertung der Bestände umlegen. Wenn Sie das tun, dann hat die Erhöhung oder Verringerung der Bestände keine künstlichen Gewinne/Verluste zur Folge.

Bitte beachten Sie dabei aber unbedingt die folgende Warnung:

- Die Senkung von Beständen ist erforderlich, um wettbewerbsfähig zu bleiben.

- Die Senkung von Beständen und die Umbewertung von Beständen führen zu künstlichen Verlusten.

- Daher ist VOR einer Umstellung intensive Kommunikation und Zusammenarbeit mit Gesellschaftern, Banken, Analysten und anderen Interessengruppen erforderlich.

Denkanstöße

- Wie entscheiden Sie heute über Investitionen und über Make-or-buy?
- Wie wird in Ihrem Unternehmen ermittelt, ob sich ein Produkt (eine Leistung, ein Projekt) lohnt?
- Wo gibt es „lokale Optimierungen"? Welche Kennzahlen sind lokal ausgerichtet?
- Welche spürbaren Auswirkungen hat das für Ihr Unternehmen?

Zusammenfassung

Hüten Sie sich davor, Entscheidungen weiterhin aufgrund ihrer lokalen Auswirkungen zu beurteilen. Das ist keine Trivialität, sondern bedeutet einen Paradigmenwechsel im Unternehmen.

Verwenden Sie

- Durchsatz (D)
- Investition/Bestände (BI)
- Betriebskosten (BK)

als Grundlage jeder Entscheidung.

Was liegt hinter dem Engpass?

Sie haben es bereits bemerkt! Hinter dem Engpass liegt noch etwas: Der Grund dafür, warum es nicht möglich ist, den Engpass vollständig zu nutzen. Und warum es nicht möglich ist, der Engpass-Nutzung alles andere unterzuordnen.

Oft handelt es sich um überholte Paradigmen, die Menschen in ein Dilemma bringen: Einerseits zu tun, was jetzt sinnvoll erscheint, um den Durchsatz des Gesamtsystems zu verbessern. Andererseits genau das nicht zu tun, um eine bestehende Regel, der auch ein fundamentales Bedürfnis zugrunde liegt, nicht zu gefährden.

Als Beispiel ein bereits bekanntes Dilemma:

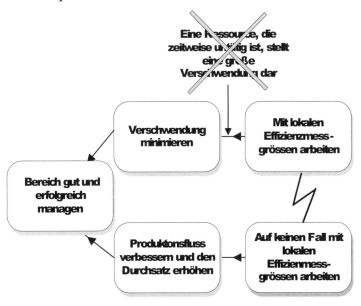

Solange ein solches Dilemma besteht, gibt es Widerstände gegen bessere Lösungen und fallen Unternehmen immer wieder in alte Vorgehensweisen zurück.

Problem: lokale Optimierung

An der Wurzel der meisten Probleme in Unternehmen liegt ein Paradigma, das noch nie richtig war, aber dennoch das Handeln, die Mechanismen, Steuerungssysteme, Regeln in den Unternehmen bestimmt:

Die Optimierung von Teilen führt automatisch zur Optimierung des Ganzen.

Weil dieses Paradigma lebt, gibt es die Kostenrechnung, werden lokale Effizienzen als dominante Kennzahlen verwendet und gelten viele andere Regeln, von denen Führungskräfte und Mitarbeiter oft intuitiv wissen: „Eigentlich ist es Unsinn". Denn wahr ist:

Die Optimierung eines Teiles ist nicht einmal ein Hinweis auf die Optimierung des Ganzen.

An der Wurzel der Probleme Ihres Unternehmens liegen vielleicht noch weitere Paradigmen vergraben. Diese zu finden, ist vorrangige Aufgabe des Topmanagements.

Glücklicherweise kommt uns dabei ein Grundprinzip der Systemtheorie zur Hilfe:

Die versteckte Einfachheit komplexer Systeme

Jedes komplexe System – z.B. ein Unternehmen oder ein Projekt – basiert auf einer ihm innewohnenden, nicht offensichtlichen Einfachheit, der „inherent simplicity". Ist diese Einfachheit erkannt, wird es – gerade bei einem komplexen System – einfach, es zu steuern.

Was ist Komplexität? Je mehr Informationen erforderlich sind, um ein System vollständig zu beschreiben, um so komplexer ist es. Können wir das ganze System in wenigen Sätzen beschreiben, ist es einfach: Brauchen wir aber viele tausend Seiten braucht, ist es sehr komplex.

Je größer das Unternehmen, umso mehr Informationen sind zur Beschreibung erforderlich, und um so schwieriger erscheint die Steuerung des Unternehmens.

Der übliche Weg mit Komplexität umzugehen besteht darin, das System in Teilsysteme zu zerlegen: Das Unternehmen wird in Bereiche untergliedert, die Bereiche in Abteilungen, die Abteilungen in Teams. Diese Aufgliederung wird fortgesetzt, bis die Komplexität ausreichend reduziert ist. Soweit, dass der Leiter eines Teilsystems dieses überschauen und managen kann.

Dieses Muster finden wir in nahezu allen Unternehmen. Schauen Sie einmal in Ihr eigenes Organigramm!

Diese Vorgehensweise hat jedoch negative Auswirkungen, die jedem bekannt sind: Abstimmungsschwierigkeiten zwischen den Bereichen, lokale Optimierung eines Bereichs zu Lasten anderer, Bereichsdenken…

Da Unternehmen sehr komplex sind und Teilsystembildung die einzige Möglichkeit zu sein scheint, Komplexität zu reduzieren oder in den Griff zu bekommen, sieht es so aus, als müssten wir uns mit diesen Schwierigkeiten arrangieren und könnten lediglich versuchen, die negativen Auswirkungen zu minimieren.

Was das Managen von Unternehmen so komplex und schwierig macht, ist die Tatsache, dass eine Aktion an einer Stelle Auswirkungen an anderen Stellen hat: Ursache-Wirkungs-Beziehungen, die oft nicht vorhersehbar oder beherrschbar erscheinen.

Aber gerade diese Ursache-Wirkungs-Beziehungen enthalten auch den Schlüssel für die Lösung des Komplexitätsproblems.

Betrachten wir zwei Systeme:

Goldratt und die Theory of Constraints

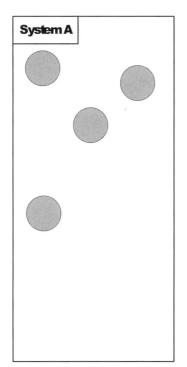
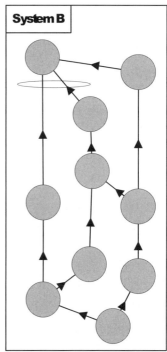

Ohne Zweifel ist System B komplexer. Es enthält deutlich mehr Elemente als System A und zusätzlich noch die Verbindungen zwischen den Elementen. Viel mehr Informationen sind erforderlich, um das System B zu beschreiben.

Wenn wir aber nach der Beeinflussbarkeit oder Steuerbarkeit der Systeme fragen und annehmen, dass die Pfeile im System B Ursache-Wirkungs-Beziehungen darstellen, dann ist System B deutlich leichter zu beeinflussen. Im System A müssen vier Elemente einen Impuls erhalten, damit sich das gesamte System bewegt. Im System B ist dagegen nur ein Impuls an einem einzigen Element erforderlich.

Je komplexer und vernetzter ein System ist, um so weniger Elemente gibt es, die das Verhalten und die Performance des Systems beherrschen.

Um die Performance des Systems drastisch steigern zu können, müssen wir in der Lage sein, die wenigen Elemente zu identifizieren, die das System beherrschen und von dort aus die Ursache-Wirkungs-Zusammenhänge zu nutzen. Diese wenigen Elemente sind die Hebelpunkte, Engpässe oder Constraints des Systems.

Dies ist das ganze „Geheimnis" der Theory of Constraints: die versteckte Einfachheit komplexer Systeme.

Nun, das ist erstmal ein theoretischer Ansatz. Glücklicherweise liefert uns die ToC ein Instrumentarium, mit dem Sie

- das Kernproblem zu den vielen einzelnen Schwierigkeiten im Unternehmen finden,
- das falsche Paradigma identifizieren,
- eine Lösung für das Kernproblem entwickeln,
- die Lösung auf Gültigkeit und Wirksamkeit überprüfen,
- negative Nebeneffekte aufspüren und beheben,
- eine Win-win-Situation für alle Beteiligten schaffen und
- die Einführung der Lösung fundiert planen.

Eine Analogie: Der Arztbesuch

Die Theory of Constraints basiert auf dem Ursache-Wirkungs-Prinzip, das in den Naturwissenschaften eingesetzt wird, um Systeme zu verstehen und zu verbessern. Die Methode, die ein Arzt anwendet, um einen Patienten zu behandeln, entspricht sehr gut dem Prozess, den die ToC empfiehlt, um Systemprobleme zu lösen:

Diagnose
Ein guter Arzt weiß, wie sinnlos es ist, allgemeine Symptome zu behandeln. Deshalb beginnt er mit der Zusammenstellung einer Liste von wahrnehmbaren Symptomen und verwendet das Ursache-Wirkungs-Prinzip, um die zugrunde liegende gemeinsame Ursache für die „Krankheit" – also das Kernproblem, zu finden.

Behandlungskonzept
Unter Berücksichtigung der Einzigartigkeit des Patienten konzipiert der Arzt die Behandlung der Krankheit (z.B. Operation). Zusätzlich plant er weiterführende Maßnahmen ein, um sicherzustellen, dass die Behandlung erfolgreich ist (z.B. Bettruhe und Medikamente) und dass der Patient bestmöglich geheilt wird (z.B. Physiotherapie). In diesem Prozess werden mögliche Nebenwirkungen der Behandlung identifiziert. Prävention oder Linderung dieser Nebenwirkungen werden wichtige Bestandteile im Behandlungskonzept.

Durchführung der Behandlung

Nun erstellt der Arzt einen Plan zur Umsetzung der Behandlung (z.B. werden die Operation und die Vorbereitung dafür zeitlich festgelegt, der Transport zum und vom Krankenhaus wird geregelt, ein Krankenhausbett, das daheim verwendet werden soll, wird organisiert, der Kostenplan mit der Kasse abgestimmt).

Die Methoden effektiven Denkens

Die ToC-Methoden, die die „Gesundheit" eines Unternehmens verbessern (oder andere Probleme lösen) sollen, sind mit einer ärztlichen Behandlung fast identisch; nur die Terminologie ist anders. Der Prozess beginnt mit den Symptomen und endet mit einem detaillierten Aktionsplan, der die Aktivitäten aller Beteiligten koordiniert.

Was soll geändert werden?

Aus einer Liste von Symptomen (den UEs – Unerwünschten Effekten) wird anhand des Ursache-Wirkungs-Prinzips die zugrunde liegende gemeinsame Ursache, das Kernproblem für alle Symptome, identifiziert.

Das Kernproblem ist immer ein ungelöster Konflikt, der die Organisation lähmt oder durch ein ständiges Hin-und-her (Management gegen Markt, kurzfristig gegen langfristig, zentralisiert gegen dezentralisiert, Prozess gegen Ergebnis) ablenkt.

Weil die Auswirkungen solcher Kernkonflikte verheerend sind, wenden Organisationen üblicherweise Taktiken, Maßnahmen und Handlungsweisen an,

Goldratt und die Theory of Constraints

um solche negativen Auswirkungen einzudämmen („Wundpflaster" genannt). Dieses „Pflaster" muss ebenfalls entfernt, modifiziert oder ersetzt werden, wenn der Kernkonflikt behandelt wird.

Die ToC-Tools für die Analyse sind:

Tool 1: Dilemma-Wolke
Beschreiben Sie das Kernproblem, das die unerwünschten Effekte verursacht. „Einerseits muss ich ... Andererseits muss ich ..."

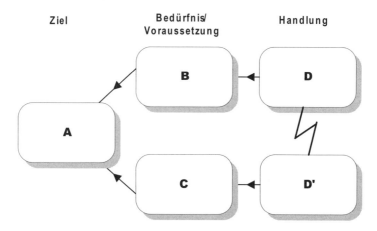

Tool 2: Gegenwartsbaum
Erstellen Sie einen „Gegenwartsbaum", der zeigt, wie das Kernproblem die unerwünschten Effekte erzeugt und hilft, die Ursache-Wirkungs-Zusammenhänge zu verstehen.

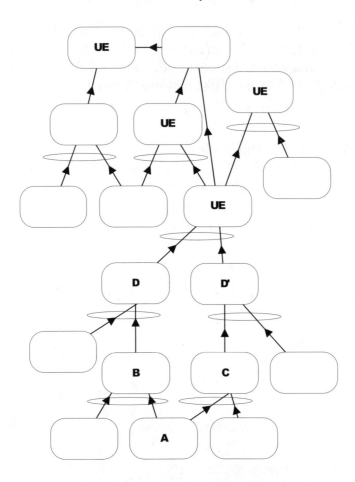

Wohin soll die Veränderung führen?

Eine Lösung für das Kernproblem wird dadurch erreicht, dass wir die logischen Voraussetzungen, die hinter dem Kernkonflikt stehen, in Frage stellen. Dies ist jedoch nur ein erster Schritt zur Entwicklung einer fundierten Lösung, einer Strategie für alle Ursachen und Wirkungen. Wie in der oben beschriebenen Erstellung eines Behandlungsplanes

Goldratt und die Theory of Constraints

durch den Arzt, muss die Strategie auch die Veränderungen beinhalten, die zusätzlich zur Lösung des Kernkonfliktes implementiert werden müssen, so dass das Lösungskonzept funktioniert und die Organisation ihre „bestmögliche Gesundheit" zurückgewinnt. Und letztlich ist die Strategie nur dann vollkommen, wenn auch alle ihre möglichen negativen Nebenwirkungen identifiziert wurden und Maßnahmen zur Verhinderung derselben ebenfalls Bestandteile der Strategie werden. Erst dann kann aus der „Super-Idee" eine Strategie werden, die die gewünschten Ergebnisse (erwünschte Effekte - EEs) erzeugt.

Die ToC-Tools für die Lösung sind:

Tool 3: Dilemma auflösen
Identifizieren Sie die Annahmen, die dafür verantwortlich sind, dass der Kernkonflikt fortbesteht, ...

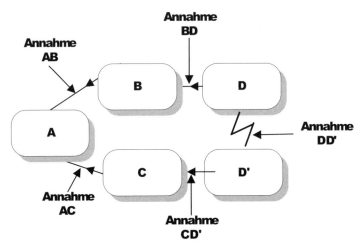

... stellen Sie diese in Frage ...

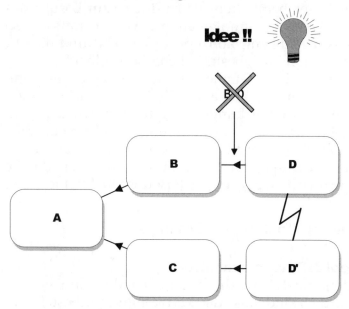

... und finden Sie die Lösung, die „Injektion", durch die beide Bedürfnisse (B *und* C) erfüllt werden.

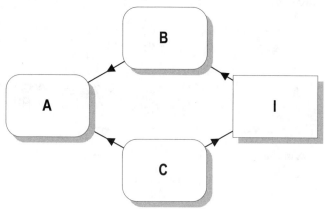

Tool 4: Zukunftsbaum

Erstellen Sie einen „Zukunftsbaum", der die Lösung darstellt. Ziel: Alle unerwünschten Effekte (UEs) sind in erwünschte Effekte (EEs) verwandelt, wesentliche negative Nebeneffekte sind ausgeschlossen, notwendige Veränderungen im Unternehmen sind erkannt.

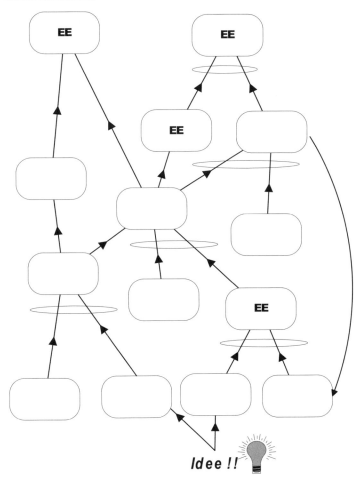

Wie soll die Veränderung herbeigeführt werden?

Unter Berücksichtigung der Besonderheiten der Organisation wird ein Plan entwickelt, der die Organisation von der IST-Situation (dargestellt im Gegenwartsbaum) in ihren Zukunftsentwurf (dargestellt im Zukunftsbaum) führt. Anders ausgedrückt: es wird ein Plan zur erfolgreichen Implementierung der Strategie erstellt, der alle erforderlichen Maßnahmen mit Verantwortlichkeiten und Ressourcen enthält.

Die ToC-Tools für die Umsetzung sind:

Tool 5: Voraussetzungsbaum
In welcher Reihenfolge implementieren wir die Zwischenziele, die wir erreichen müssen, um das Lösungskonzept zu realisieren?

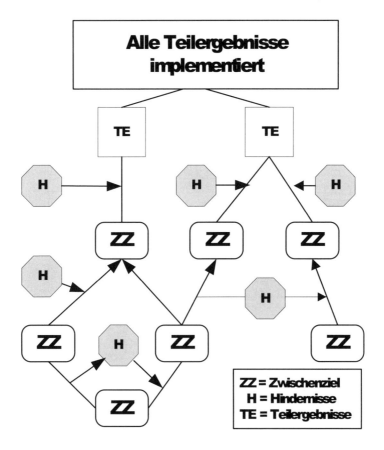

Tool 6: Umsetzungsbaum
Planen Sie im Detail die notwendigen Schritte für jedes Zwischenziel, um sicherzustellen, dass die einzelnen Aktionen geeignet sind, das Zwischenziel zu erreichen.

Goldratt und die Theory of Constraints

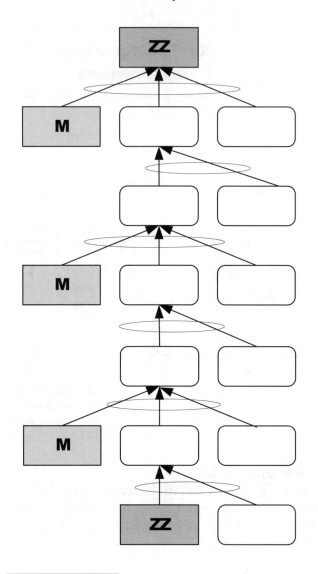

M = Meilenstein
ZZ = Zwischenziel

Denkanstöße

- Welche – vielleicht falschen – Paradigmen gelten in Ihrem Unternehmen?
- Wie werden bisher Probleme erkannt und gelöst?
- Welche spürbaren Auswirkungen hat das für Ihr Unternehmen?

Zusammenfassung

Falsche Paradigmen – wie die Fiktion der „lokalen Optimierung" – sind die Wurzel der meisten Probleme im Unternehmen.

Verwenden Sie die ToC-Denkprozesse, um den Dingen auf den Grund zu gehen und Win-win-Lösungen zu finden.

Wir haben zu hohe Bestände... aber oft auch zu wenig!

Sie stehen im Laden, Ihnen gefällt ein T-Shirt, genau dieses in blau... aber ausgerechnet in Ihrer Größe ist es nicht da. Kommt Ihnen das bekannt vor? Oder aus anderer Perspektive: die Lager sind voll... aber ausgerechnet das, was Sie jetzt brauchen, fehlt. Oder aus noch anderer Perspektive: Ihr Kunde schickt Ihnen dringende Bestellungen, Sie stellen Ihre Produktion um... kurz danach besuchen Sie ihn und finden volle Lager mit den Dingen, die Sie so dringend produzieren mussten und die nun niemand weiter verarbeitet?

Wie kann das Distributions-System so gemanagt werden, dass die richtigen Bestände zur richtigen Zeit am richtigen Ort sind?

Dilemma: großes oder kleines Lager?

Jedes Einzelhandelsunternehmen – aber auch viele andere Unternehmen, die als Händler oder Verarbeiter in eine Logistik-Kette eingebunden sind – befindet sich in folgendem Dilemma:

Einerseits: Um profitabel zu arbeiten, muss dafür gesorgt werden, dass die Nachfrage von Kunden immer erfüllt werden kann. Und um die Nachfrage vom Kunden stets erfüllen zu können, muss ein hoher Warenbestand vorhanden sein, weil

- die Wiederbeschaffungszeiten lang sind,
- der Bedarf nicht genau vorhergesagt werden kann,

- die Lieferanten nicht immer vollkommen zuverlässig arbeiten.

Andererseits: Um profitabel zu arbeiten, müssen Kosten gesenkt werden. Und um Kosten zu senken, darf nur ein geringer Warenbestand vorhanden sein, weil hohe Bestände

- eine hohe Kapitalbindung bedingen
- den Cashflow limitieren

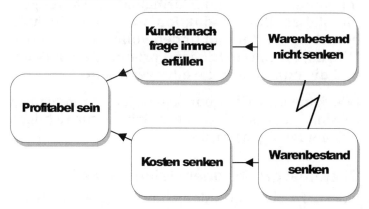

Für dieses Dilemma gibt es keine sinnvolle Kompromisslösung: ein höherer Warenbestand erzeugt Nachteile, ein geringerer Warenbestand erzeugt auch Nachteile.

Um hierzu eine Lösung entwickeln zu können, ist es erforderlich, das Problem tiefer zu verstehen...

Was ist Distribution?

Die charakteristischen Kennzeichen von Distribution sind:

- Die Waren/Produkte ... werden an einem anderen Ort benötigt als am Ort der Produktion.
- Die Zeit, die der Kunde auf die Ware zu warten bereit ist, ist deutlich kürzer als die Zeit, die erforderlich ist, um die Ware (falls sie nicht direkt verfügbar ist) für den Kunden verfügbar (und damit kaufbar) zu machen.
- Aus diesem Grund wird entschieden, die Ware dort, wo der Kunde sie benötigt, durch den Aufbau von Beständen verfügbar zu machen.

An diesen Kennzeichen wird deutlich, dass wir über Distribution nicht nur sprechen, wenn es um den Vertrieb von Produkten geht. Die Mechanismen sind dieselben, wenn wir uns in einer Kette voneinander abhängiger Produzenten oder Werke befinden.

Engpass: der kaufbereite Kunde

Für die gesamte Kette der Distribution ist der kaufbereite Kunde der Engpass. Je mehr Kunden etwas kaufen wollen, umso mehr Durchsatz hat das gesamte System.

Möglicherweise blockiert im konkreten Fall etwas Anderes den Durchsatz. Dennoch: der kaufbereite Kunde ist der ultimative Engpass für eine erfolgreiche Supply Chain. Genauer gesagt: der Endkunde.

Oder anders ausgedrückt: Solange der Endkunde nicht bezahlt hat, hat niemand in der Lieferkette etwas *wirklich* verkauft.

Goldratt und die Theory of Constraints

Jeder Top-Manager weiß das. Dennoch sieht die Praxis gegensätzlich aus: produzieren, liefern, Rechnung schreiben... und schon verbuchen wir den Erfolg. Aber die Realität ist: solange der Endkunde nicht gekauft hat, ist die Lieferkette verstopft. Manchmal mit dramatischen Auswirkungen: Jemand, der zwischen Ihnen und dem Endkunden in der Lieferkette „sitzt", entscheidet sich, seine Bestände zu senken... das hat schon manchen Lieferanten die Existenz gekostet.

Den Engpass nutzen

Wenn das System nun nicht in der Lage ist, die Kunden, die etwas kaufen wollen, zu bedienen, dann ist das gerade das Gegenteil von „den Engpass bestmöglich nutzen". Der Engpass wird verschwendet! Nur allzu oft kommt es vor, dass nämlich genau das Produkt in der Ausprägung, in der ein Kunde es haben möchte, nicht verfügbar ist.

Wenn wir den Engpass bestmöglich nutzen wollen, dann heißt das automatisch, dass wir immer alles verfügbar haben müssen, was der Kunde zu kaufen wünscht.

Dieser Grundsatzentscheidung muss – wenn sie realisiert werden soll – alles andere untergeordnet werden. Alles andere muss auf den Prüfstand, damit es möglich wird, den Engpass bestmöglich zu nutzen, also immer alles verfügbar zu haben, was der Kunde zu einem bestimmten Zeitpunkt kaufen möchte.

Solange der Händler auf sich allein gestellt ist, hat er keine andere Wahl als sich hohe Bestände auf

Lager zu legen. Das aber kann er sich nicht leisten. Er muss Abstriche machen. Das führt zu ausverkauften Produkten. Folge: der Kunde geht woanders hin oder kauft ein Konkurrenzprodukt; ein Schaden für die ganze Lieferkette.

Schauen wir uns einmal genauer an, warum der Einzelhändler (oder auch andere in einer Lieferkette) so hohe Bestände haben muss. Was genau sind die Einflussfaktoren?

Wie groß muss der Bestand sein?

Wenn wir *alle* Kundenwünsche befriedigen wollten, müsste der Bestand unendlich sein. Das ist nicht möglich. Aber wir können und müssen schätzen, welche Waren wann verkauft werden. Das ist der erste Einflussfaktor für die Höhe der Bestände.

Beispiel: das Produkt wird durchschnittlich dreimal pro Woche verkauft. Es kommt aber auch vor, das zehn Stück pro Woche über den Ladentisch gehen.

Der zweite Faktor ist die Wiederbeschaffungszeit. Wenn sie sehr klein ist, dann ist es nicht erforderlich, einen größeren Bestand am Lager zu haben. Wenn die Wiederbeschaffungszeit aber groß ist, dann müssen wir uns ein größeres Lager dazu anlegen, damit wir nicht Gefahr laufen, ausverkauft zu sein.

Beispiel: Wir bestellen alle zwei Wochen. Und dann dauert es noch ein bis zwei Wochen bis die Lieferung eingeht.

Der dritte Einflussfaktor ist die Zuverlässigkeit des Lieferanten.

Beispiel: Meistens liefert der Großhändler innerhalb von fünf Tagen. Aber es kommt auch vor, dass es einen Monat dauert.

Aus diesen drei Faktoren können wir den notwendigen Bestand im Geschäft ermitteln:

Maximaler Verbrauch innerhalb der Wiederbeschaffungszeit – erhöht um einen Unzuverlässigkeits-Faktor für die Beschaffung.

Beispiel:

10 Stück pro Woche maximaler Verbrauch · 4 Wochen Wiederbeschaffungszeit · 1,5 Unzuverlässigkeitsfaktor = 60 Stück

Was wäre, wenn...?

Angenommen, es wäre möglich, die Wiederbeschaffungszeit drastisch zu senken – sagen wir auf zwei Tage – und gleichzeitig die Zuverlässigkeit des Lieferanten auf fast 100 % zu steigern. Welche Auswirkungen hätte das?

Unser Händler könnte seinen Bestand radikal senken: 10 Stück pro Woche maximaler Verbrauch · 0,4 Wochen Wiederbeschaffungszeit = 4 Stück.

Unmöglich? Schauen wir uns die Wiederbeschaffungszeit genauer an:

Die Wiederbeschaffungszeit...

... setzt sich aus drei Elementen zusammen:

- Auftragsintervall

Goldratt und die Theory of Constraints

- Auftragsdurchlaufzeit
- Transportzeit

Auftragsintervall
Das Auftragsintervall (Goldratt verwendet den Begriff „order lead time") ist die Zeit, die zwischen den einzelnen Bestellungen eines Produkts vergeht. Das Auftragsintervall wird beeinflusst durch

- den eigenen Aufwand, den man selbst betreiben muss, um einen Auftrag zu erteilen. Dieser Aufwand verleitet dazu, mehrere kleine Aufträge zu einem großen Auftrag zusammen zu fassen.
- Vorgaben, die vom Lieferanten gemacht werden, zum Beispiel die Tatsache, dass für größere Aufträge ein Rabatt gegeben wird, während für kleine Aufträge vielleicht sogar ein Mindermengenzuschlag erhoben wird. Auch dies verleitet dazu, mehrere kleine Aufträge zu einem großen Auftrag zusammen zu fassen.

Beide Mechanismen vergrößern das Auftragsintervall.

Auftragsdurchlaufzeit
Die Auftragsdurchlaufzeit (Goldratt verwendet den Begriff „production lead time") ist der Zeitraum zwischen dem Auftragseingang beim Lieferanten und der Auslieferung durch den Lieferanten. Dieser Zeitraum setzt sich im Wesentlichen zusammen aus

- der Zeit, die der Auftrag darauf wartet, bearbeitet zu werden (wenn ein Auftrag eingeht, sind auch noch eine Menge anderer Aufträge zu bearbeiten bzw. gerade in Bearbeitung. Es kann also eine ganze Zeit vergehen zwischen Auftragseingang im Werk und Auftragsfreigabe in der Produktion) und

- der Zeit, die tatsächlich für die Bearbeitung des Auftrages gebraucht wird.

Transportzeit

Die Transportzeit (Goldratt verwendet den Begriff „transportation lead time") ist der Zeitraum zwischen der Auslieferung durch den Lieferanten und dem Eingang der Lieferung beim Besteller.

Sie ahnen schon, wie die Lösung aussieht?

Schwankungen gleichen sich aus

Die Basis für die Lösung der vorstehend genannten Schwierigkeiten ist die folgende Erkenntnis:

Schwankungen im Bedarf an einem Produkt sind im einzelnen Geschäft sehr viel größer als in der Produktion. Die Bedarfsschwankungen in den einzelnen Geschäften gleichen sich gegenseitig aus.

In unserem Beispiel:

Angenommen, es gibt 100 Geschäfte, die unser Produkt verkaufen. In jedem Geschäft schwankt der Bedarf zwischen 1 und 10 Stück pro Woche. Kumuliert schwankt der Bedarf auch, aber sicher nicht zwischen 100 und 1000 Stück pro Woche, sondern in einem sehr viel geringeren Maß, z.B. zwischen 200 und 400 Stück.

Lösung: PULL

Die ToC-Lösung besteht darin, etwas scheinbar Widersinniges zu tun, nämlich die Bestände vom Verkaufsort („point of sale") entfernt zu halten, sie an der Versorgungsquelle („point of supply") zu lagern, in einem Zentrallager.

Durch diese Vorgehensweise wird folgendes erreicht:

- Die Prognose ist sehr viel genauer.
- Die Wiederbeschaffungszeiten sind drastisch reduziert.
- Die Zuverlässigkeit der Wiederbeschaffung ist erheblich verbessert.

Das klingt auf den ersten Blick unglaublich, ist aber nur logisch...

Geringere Bedarfsschwankungen ermöglichen kleinere Bestände

Da sich die Bedarfsschwankungen am Verkaufsort aus Sicht des Gesamtsystems gegenseitig ausgleichen, sind die Bedarfsschwankungen im Zentrallager verhältnismäßig klein.

Bedarfsschwankungen haben jedoch einen erheblichen Einfluss auf die Höhe der Bestände, da wir nicht riskieren wollen, „ausverkauft" zu sein und dadurch Geschäft oder gar Kunden zu verlieren.

Wenn nun die Bedarfsschwankungen klein sind, dann können und werden auch die Bestände geringer sein. Der Bestand innerhalb des Gesamtsystems wird also kleiner.

Durch die kürzere Wiederbeschaffungszeit geht die Schwankungsanfälligkeit im Geschäft zurück.

Höhere Lieferzuverlässigkeit durch weniger „dringende Bestellungen"
Ein wichtiges Element der Wiederbeschaffungszeit für Waren ist die Reaktionszeit oder Durchlaufzeit der Produktion. Diese Produktionszeit setzt sich im Wesentlichen zusammen aus

- der Zeit, die der Auftrag darauf wartet, produziert zu werden und

- der Zeit, die tatsächlich für die Bearbeitung des Auftrages gebraucht wird.

Die Zeit, die der Auftrag darauf wartet, produziert zu werden, wird oft dadurch verlängert, dass dringende Aufträge dazwischen kommen.

Dringende Aufträge kommen gerade dadurch zustande, dass einzelne Produkte an einzelnen Standorten ausverkauft sind und dann nachbestellt und entsprechend dringend nachproduziert werden müssen.

Durch das immer gut bestückte Zentrallager und die drastisch reduzierten Wiederbeschaffungszeiten für Regionallager und Geschäfte kommt es jetzt viel seltener zu solchen Situationen.

Wenn es seltener dringende Aufträge, die zwischengeschoben werden müssen, gibt, dann erhöht sich die Lieferzuverlässigkeit der Produktion. Wenn sich die Lieferzuverlässigkeit der Produktion erhöht, dann können die Bestände im Zentrallager wiederum geringer sein.

Von „Push" zu „Pull"

Wenn die dargestellte Lösung implementiert ist, haben wir genügend Bestände aller Produkte im Zentrallager verfügbar. Das bedeutet, dass wir nach folgender Regel verfahren können:

- Die Geschäfte melden täglich, was verbraucht ist – diese Meldung ist zugleich die Nachlieferungsbestellung. Ein EDV-System erledigt diese Meldung automatisch.

- Das Zentrallager liefert täglich (oder alle zwei oder drei Tage) aus – abhängig davon, was aufgrund der Versandkosten-Kalkulation sinnvoll ist.

- Das Zentrallager, das wir als „Sicherheitsbestand fertiger Produkte" der Produktion betrachten können, füllt sich nach dem Prinzip von DRUM-BUFFER-ROPE auf.

Zuverlässigkeit und Effektivität

Damit die gesamte Lieferkette synchronisiert werden kann, sind nur zwei zentrale Kennzahlen erforderlich:

Zuverlässigkeit (D€T)

Liefern wir das, was benötigt wird, rechtzeitig? Diese Frage wird beantwortet durch die „Durchsatz-Euro-Tage" (D€T). Dazu wird der Wert der verspäteten Lieferung mit der Anzahl der Verspätungstage multipliziert. Der Wert der verspäteten Lieferung ist der entsprechende Durchsatz (Endkunden-Preis – Totalvariable Kosten)! Mit dieser Kennzahl misst jeder Kunde (auch innerhalb der Lieferkette) seine Lieferanten. Der Zielwert ist immer Null!

Effektivität (B€T)

Haben wir unsere Bestände bis auf das Niveau der erforderlichen Sicherheitsbestände gesenkt? Diese Frage wird durch die Kennzahl „Bestands-Euro-Tage" (B€T) beantwortet. Dazu wird der Wert (zu Einkaufspreisen) der Waren, die sich unter Kontrolle eines Teiles der Supply Chain befinden, mit der Anzahl der Tage, die die Waren dort verbleiben (lagernd oder im Verarbeitungsprozess), multipliziert.

Diese Kennzahl zeigt, ob wir effektiv sind und sie führt dazu, dass Durchlaufzeiten und Bestände gesenkt werden. Die Bestandsreduzierung darf allerdings nie zu Lasten der Zuverlässigkeit gehen. Die Effektivität ist der Zuverlässigkeit stets nachgeordnet.

Denkanstöße

- Von welchen Lieferketten ist Ihr Unternehmen ein Bestandteil?

- Wie werden diese Lieferketten gemanagt? Welche Kennzahlen und Bewertungskriterien gelten?

- Wo leiden Sie oder andere unter zu geringen oder zu hohen Beständen? Unter dringenden Bestellungen oder unter unzuverlässigen Lieferanten?

- Welche spürbaren Auswirkungen hat das auf Ihr Unternehmen?

Zusammenfassung

Die Schwierigkeiten in der Lieferkette entstehen, weil jeder einzelne sich als unabhängiges Teil versteht und managt. Dadurch werden die Bestände downstream „gepuscht".

Pull-Distribution erfordert signifikant geringere Bestände in der gesamten Lieferkette und erhöht die Flexibilität in allen Bereichen.

Unsere Projekte sind zu langsam!

In Ihrem Unternehmen gibt es viele Projekte? Sie verdienen Geld mit den Projekten? Oder Sie entwickeln Produkte in Projekten? Die Produkte kommen nicht schnell genug an den Markt? Die Projekte nehmen sich gegenseitig die Ressourcen weg und werden nicht rechtzeitig fertig?

Projekte sind abhängig voneinander

Die meisten Projekte eines Unternehmens sind inhaltlich voneinander unabhängig, allerdings oft dadurch verbunden, dass sie zeitgleich dieselben Ressourcen benötigen. Sie konkurrieren um Ressourcen. So kommt es zu Engpässen: Ein eingeplanter Mitarbeiter steht nicht zur Verfügung, weil er noch in einem anderen Projekt, das sich verspätet hat, tätig ist.

Für den Projektleiter bedeutet dies: Ihm steht diese Ressource nicht zur Verfügung, obwohl dies in der sorgfältig erstellten Multiprojektplanung vorgesehen und abgesichert war.

Für den Ressourcenmanager bedeutet dies: Er muss entscheiden, welchem Projekt nun die dringend benötigte Ressource zugeteilt wird.

Für den Mitarbeiter bedeutet dies: Er befindet sich in einer prekären Situation, die er nicht selbst verschuldet hat:

Arbeitet er weiter an dem ersten, verspäteten Projekt, so gefährdet er die rechtzeitige Fertigstellung des zweiten Projektes. Wechselt er dagegen wie geplant zum zweiten Projekt, dann gefährdet er den

Abschluss des ohnehin schon verspäteten ersten Projekts. Je stärker belastet der betroffene Mitarbeiter ist und je weniger er durch andere Mitarbeiter ersetzt werden kann, desto größer wird dieses Dilemma für ihn.

Hier wird deutlich, dass – ehrlich und rigoros betrachtet – in diesem System niemand die Steuerung der Projekte gewährleisten kann.

Dennoch muss über die Vergabe von Ressourcen in einer Multiprojekt-Organisation entschieden und dafür Prioritäten bestimmt werden. Selten gibt es ein geeignetes Instrumentarium für fundierte und objektive Ressourcen-Entscheidungen. Entschieden wird anhand von Indikatoren der Dringlichkeit, beispielsweise seitens der Kunden geforderte Lieferungen oder Projektabschlüsse, die mit Zahlung von Teilrechnungen oder (bei Verspätungen) Vertragsstrafen einhergehen. Solche Termine, die an Zahlungen und Vertragsstrafen gekoppelt sind, finden sich in der Regel schwerpunktmäßig am Ende eines Projektes bzw. in den späteren Projektphasen;

beim „Endspurt" eines Projekts wird also der Druck von Kunden und Geschäftsführern die Priorisierung bestimmen. Im Zweifelsfall werden Ressourcen dort eingesetzt, wo der Druck bereits am größten ist oder - mit anderen Worten - wo gerade am lautesten geschrieen wird.

Werden Ressourcenentscheidungen zu Gunsten von „anbrennenden" Projekten getroffen, dann gehen diese Entscheidungen zu Lasten von Projekten, die sich in frühen Projektphasen befinden und noch keine Terminschwierigkeiten haben. Die Konsequenz: Auch bei diesen Projekten wird es aller Wahrscheinlichkeit nach bald zu Terminschwierigkeiten kommen. Ein Teufelskreis kommt in Gang, und er wird oft erst unterbrochen, wenn die Kunden angesichts überhandnehmender Schwierigkeiten Verträge kündigen und keine neuen Aufträge mehr erteilen.

Die Praxis, sich bei der Prioritätensetzung von dem höchsten Druck leiten zu lassen („Wo wird am lautesten geschrien?"), beinhaltet ein weiteres Problem: Die so getroffenen Entscheidungen wirken sich ungünstig auf die Produktivität der Mitarbeiter aus. Die Mitarbeiter werden durch die Entscheidungen gezwungen, Arbeiten für ein fristgerechtes Projekt zu unterbrechen und eine andere Aufgabe zu starten. Wechseln die Prioritäten häufig, führt dies unweigerlich zu Problemen.

Problem: Schädliches Multitasking

Stellen Sie sich diese Situation vor: Ein Mitarbeiter soll in den nächsten Wochen an drei Projekten arbeiten. Dafür wurde ein Plan aufgestellt. Aber: Alle drei Projekte sind bereits in terminlichen Schwierigkeiten. Alle drei Projektleiter fordern dringend die Arbeit der Ressource an.

Kann der Mitarbeiter jetzt noch in Ruhe eine Aufgabe nach der anderen erledigen? Wahrscheinlich ist: Er wird gezwungen, zwischen den verschiedenen Aufgaben zu wechseln.

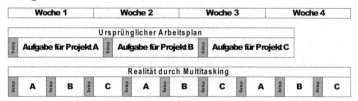

Dadurch entstehen zwei negative Effekte:

- Die Setup-Zeiten erzeugen zusätzlichen Aufwand und verzögern die Fertigstellung
- Alle drei Projektaufgaben werden – zum Teil erheblich – später fertig! Am deutlichsten wird dies bei der Aufgabe für Projekt A.

Immer wenn negatives Multitasking auftritt, gibt es einen drastischen Unterschied zwischen der Arbeitszeit, die in die Aufgabe investiert wird und der Durchlaufzeit, die für die Erledigung der Aufgabe benötigt wird:

- Die Arbeitszeit bleibt in etwa gleich (lediglich erhöht durch wiederholtes Setup).
- Die Durchlaufzeit erhöht sich dagegen um ein Vielfaches.

Durch negatives Multitasking werden alle betroffenen Projekte später fertig. Diese Art des Arbeitens nützt niemandem und schadet allen.

Der Grund für dieses negative Multitasking ist vordergründig die fehlende Fähigkeit, Prioritäten zu setzen. Ein tiefer liegender Grund ist der bei den meisten Führungskräften verankerte „Glaubenssatz": „Je früher eine Aufgabe begonnen wird, umso früher ist sie fertig." Diese Annahme ist aber falsch! Durch eine neue Aufgabe, die sofort begonnen wird, erledigen sich die anderen schon vorhandenen Aufgaben nicht von selbst. Sie sind weiterhin zu erledigen. Diese Situation erzeugt zwangsläufig negatives Multitasking.

Über eine weitere Annahme haben wir bereits gesprochen: „Jeder muss ständig beschäftigt sein." Auch in Projekt-Umgebungen sind lokale Effizienzen der Feind von tatsächlicher Produktivität. Nur zu oft gibt es Kennzahlen wie „% der Arbeitszeit, die auf Projekte gebucht ist."

Lösung: Drum-Buffer-Rope für Projekte

In einer überlasteten Projektumgebung können nicht alle Aufgaben, alle Projekte gleichzeitig bearbeitet werden. Sie müssen in einer sinnvollen Art und Weise gestaffelt werden. Und dabei spielt der Engpass eine entscheidende Rolle.

Eine der Ressourcen – das können Mitarbeiter oder auch Anlagen sein – ist durch die verschiedenen Projekte am stärksten belastet. Diese Ressource muss bestmöglich genutzt werden, alles andere muss sich dem anpassen und unterordnen.

Wie sieht das praktisch im Multiprojektmanagement aus? Dazu ein Beispiel: In der Abbildung sind drei Projekte skizziert, die alle gleichzeitig fertig sein sollen und auf dieselben Ressourcen (z.B. Mitarbeiter) zugreifen. Die Buchstaben stehen für die verschiedenen Ressourcen, die Länge der Kästchen für die Dauer der Aufgabe, jeweils 20 Tage.

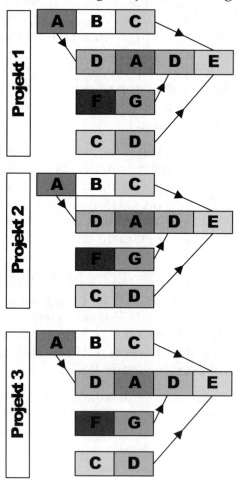

Beginnen alle drei Projekte gleichzeitig, entsteht schädliches Multitasking.

Um nun eine praktikable Lösung zu entwickeln, folgen wir den Schritten der ständigen Verbesserung:

Identifiziere den Engpass

In unserem Beispiel ist die Ressource D durch die Projekte am stärksten in Anspruch genommen. Sie muss in jedem Projekt drei Aufgaben erfüllen, die jeweils voraussichtlich 20 Tage dauern. Die anderen Ressourcen sind weniger stark gefordert.

Entscheide, wie der Engpass bestmöglich ausgenutzt werden soll

Die Ressource D ist am besten für das Unternehmen genutzt, wenn sie kein schädliches Multitasking betreibt. Wir müssen den Arbeitsplan, die DRUM, also so gestalten, dass D eine Aufgabe nach der anderen abarbeiten kann. Wie? Na, eine nach der anderen!

Goldratt und die Theory of Constraints

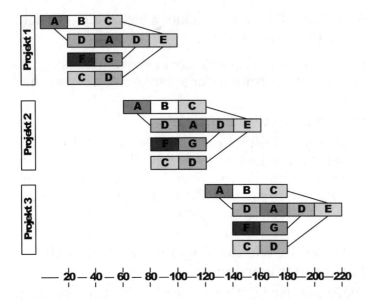

Schneller geht es sowieso nicht. Würden wir erlauben, dass D Multitasking betreibt, dauert alles noch viel länger. Die Reihenfolge der drei Projekte richtet sich nach den versprochenen Abgabeterminen oder nach einer festzulegenden (und durchzuhaltenden!) Priorisierung.

Ordne alles andere der Entscheidung, den Engpass bestmöglich auszunutzen, unter

Die anderen Mitarbeiter haben nicht genug zu tun!

Na und? Glücklicherweise haben die anderen Ressourcen Reservekapazität. So können sie den Engpass optimal unterstützen und sich an seinen Takt anpassen. Für Sie aber bedeutet das: Sie dürfen

Ihre Ressourcen nicht mehr an lokalen Effizienzen messen.

Mein Projekt kommt nicht voran, weil ich auf D warten muss!

Na und? Es kommt nicht auf das einzelne Projekt an, sondern darauf, dass die ganze Projektflotte so schnell wie möglich voran kommt. Es macht keinen Sinn, dass Projektleiter um Ressourcen kämpfen. Für Sie aber bedeutet das: Sie müssen klare Prioritäten für die Projekte setzen, diese Prioritäten durchhalten und durchsetzen.

Wie kann sich das einzelne Projekt der DRUM unterordnen? Indem der Projektleiter einen Puffer vor dem Einsatz des Engpass-Mitarbeiters vorsieht:

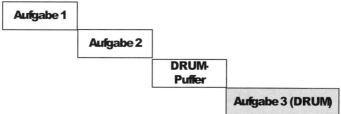

Dadurch bewirkt er: Das Projekt ist auf jeden Fall weit genug fortgeschritten, wenn der Engpass-Mitarbeiter anfangen kann, am Projekt zu arbeiten. Sogar dann, wenn der Engpass etwas früher startklar ist.

Erweitere den Engpass

Vorsicht: Zuerst setzen Sie die vorangehenden Schritte um. Und dann werden Sie mit sehr hoher Wahrscheinlichkeit erkennen: Wir haben massig freie Kapazitäten... auch bei der vermeintlichen Engpass-Ressource. Also: der Engpass ist NICHT in den Projekten. Deshalb: keine Erweiterung der Kapazität erforderlich. Ihren Führungskräften wird das nicht gefallen. Aber wir sprechen später noch darüber, wie Sie die Zustimmung und Mitwirkung aller Beteiligten gewinnen.

Denkanstöße

- Wie werden in Ihrem Unternehmen Prioritäten für Projekte gesetzt?
- Kämpfen Projektleiter um Ressourcen?
- Wer trifft im Konfliktfall die Entscheidung und nach welchen Kriterien?
- Welche spürbaren Auswirkungen hat das für Ihr Unternehmen?

Zusammenfassung

Multitasking ist der größte Feind der Produktivität in einer Multiprojekt-Organisation. Drum-Buffer-Rope ist der Mechanismus zur sinnvollen Staffelung der Projekte.

Wie werden Projekte noch schneller?

Ihre Projekte werden nicht rechtzeitig fertig? Sind teurer als geplant? Bringen oft nicht das, was sie bringen sollen? Das ist nicht ungewöhnlich ... der Engpass im Projekt wird nicht erkannt und erst recht nicht genutzt.

Das magische Dreieck

Mindestens drei Zusagen muss der Projektleiter einhalten, wenn er ein Projekt erfolgreich abschließen will: er muss rechtzeitig fertig werden, darf das Budget nicht überschreiten und muss das abliefern, was versprochen wurde.

Aber: Murphy lebt, es kommt etwas dazwischen, zum Beispiel: Mitarbeiter werden mit ihrem Arbeitspaket nicht rechtzeitig fertig, Lieferanten schicken das falsche Material, ein Teil ist teurer als erwartet, es gibt Änderungen, ...

Und das bringt Ihren Projektleiter in Schwierigkeiten. Warum? Das magische Dreieck bringt ihn in ein Dilemma: Eine der drei Projektzusagen (Termin, Budget, Inhalt) ist gefährdet. Er muss aktiv werden. Nur was soll er tun, ohne dadurch die anderen Zusagen zu gefährden. Denn: er hat – wenn überhaupt – dann doch nicht genug Sicherheit für alle Eventualitäten in seinem Projektplan.

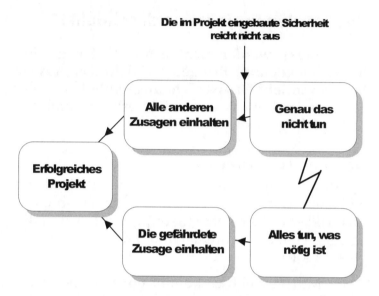

Gibt es überhaupt Sicherheiten im Projekt? Das wollen wir uns jetzt anschauen:

Problem: versteckte Sicherheiten

Jeder der seinen Chef oder seine Chefin auf den Flughafen fährt und gefragt wird, wie lange er dafür braucht, wird eine kleine Zeitreserve einbauen - oder?

Zeitschätzungen für einzelne Projektschritte werden mit Reserven für Unvorhergesehenes abgegeben. Diese Zeitschätzungen werden dann in den Projektplan eingetragen und sind damit von einer „Schätzung" zu einer „festen Terminzusage" mutiert. Aus der Schätzung resultiert ein Termin. Dieser Termin ist verbindlich und muss eingehalten werden.

Goldratt und die Theory of Constraints

Nun fragen Sie sich einmal selbst, wie Sie als Mitarbeiter eine Zeitschätzung abgeben, wenn Sie wissen, dass daraus ein fester Termin errechnet wird, den Sie unbedingt einhalten müssen. Sie werden wohl eine Zeitschätzung abgeben, die Sie mit einer sehr hohen Wahrscheinlichkeit (90% oder mehr) einhalten können. Schätzungen enthalten also erhebliche Zeitpuffer.

Wie groß dieser Puffer ist, erkennen Sie, wenn Sie das folgende Gedankenexperiment durchführen:

Sie sollen eine Zeitschätzung für eine Projektaufgabe abgeben, die nicht besonders anspruchsvoll ist und die Sie daher recht gut überschauen können. Sie wissen, dass Sie die Aufgabe - wenn Sie ungestört arbeiten können und nicht doch noch eine unerwartete Schwierigkeit auftaucht - in 80 Stunden, also in zehn Arbeitstagen erledigt haben können. Vielleicht brauchen Sie sogar nur acht Tage, wenn Sie sich für diese Aufgabe zurückziehen und jede Störung abschalten könnten.

Sie wissen, dass sich Störungen nicht vermeiden lassen. Sie werden von Kollegen, von Ihrem Chef, von Mitarbeitern beansprucht. Es kommt zu Prioritätsverschiebungen. Dennoch müssen Sie eine Zeitschätzung abgeben, die Sie mit sehr hoher Wahrscheinlichkeit einhalten können.

Wie viele Tage werden Sie nennen, wenn Sie den von Ihnen geschätzten Termin einhalten MÜSSEN?

8 Tage? 10 Tage? 12 Tage? 15 Tage? 20 Tage?

Möglicherweise würden Sie folgendes denken:

Goldratt und die Theory of Constraints

(1) In den meisten Fällen müsste ich es in 10 bis 11 Tagen schaffen können (siehe Abbildung).

(2) Wenn alles gut läuft, schaffe ich es sogar in 8 bis 9 Tagen – auf keinen Fall geht es unter 8 Tagen, denn die 8 Tage brauche ich, wenn ich ununterbrochen daran arbeite.

(3) Es könnten Störungen eintreten, die dazu führen, dass ich andere Projekte parallel bearbeiten muss. Dann werden es 15 bis 20 Tage.

(4) Es könnte sein, dass noch Schwierigkeiten in der Aufgabe selbst auftreten. Dafür sollte ich ein paar Tage Sicherheitsreserve einplanen.

(5) Alles in allem bin ich nur dann auf der sicheren Seite, wenn ich 20 bis 22 Tage angebe.

(6) Wenn ich Pech habe, und Herr Müller mal wieder ausfällt, dauert es noch viel länger.

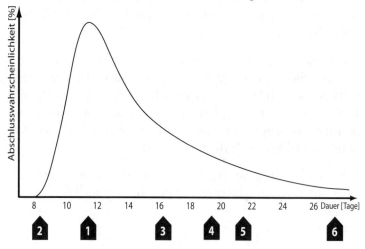

Die Verteilung der Dauer ist asymmetrisch: Bei einer Erhöhung der Sicherheit muss überproportional Puffer hinzugefügt werden. Und: je größer die Unsicherheit der Umgebung in der man arbeitet, desto größer muss die Sicherheit (und damit auch der Zeitpuffer) sein, die in Zeitschätzungen eingebaut wird.

In vielen Projekt-Umgebungen ist wenigstens die Hälfte der geschätzten Zeit Puffer.

Was passiert, wenn in Projektschritten Puffer eingebaut sind? Werden diese tatsächlich genutzt, um das Projekt vor Verzögerungen zu schützen?

Wenn ja, dann müssten die meisten Projekte doch rechtzeitig fertig werden. Tun sie das?

Eingebaute Sicherheiten gehen verloren

Parkinson's Law

Mitarbeiter bauen Reserven in Zeitschätzungen ein, damit sie - auch wenn etwas dazwischen kommt - rechtzeitig, zum „versprochenen Termin" fertig werden können. Angenommen, ein Mitarbeiter würde nun öfter seine Zeitschätzungen deutlich unterschreiten, dann würde ihm zukünftig seine Zeitschätzung nicht mehr geglaubt, sondern gekürzt werden.

Davor versucht er sich zu schützen. Also vermeidet er den vorzeitigen Abschluss von Aufgaben. Für diesen Effekt gibt es viele Beispiele. Die Auswirkung ist: Die eingebaute Reserve wird bestenfalls genutzt, um den aus der Zeitschätzung errechneten

Termin zu halten, aber nicht dazu, vor dem Termin fertig zu werden.

Dieser Mechanismus ist keine böswillige Absicht von Mitarbeitern, sondern absolute Notwendigkeit, wenn sie ihr existenzielles Bedürfnis - als zuverlässige Mitarbeiter zu gelten - schützen wollen.

Denn: Zeitschätzungen werden in Zusagen umgewandelt.

Und: Mitarbeiter gelten dann als zuverlässig, wenn sie ihre Zusagen einhalten.

Dieser Mechanismus heißt „Parkinson's Law" : *Arbeit dehnt sich so weit aus, dass sie die dafür zur Verfügung stehende Zeit ausfüllt!*

Projektaufgaben werden nicht vor der geschätzten Zeit fertig. Die eingebauten Sicherheiten gehen verloren.

Außerdem: Angenommen, eine Aufgabe, von der Sie abhängig sind, wird später fertig als geplant, dann dürfen Sie Ihre Zeitreserve nicht dazu nutzen, die Verspätung aufzuholen. Sonst wäre ja klar, dass in Ihrer Zeitschätzung erhebliche Reserven enthalten waren. Diese könnten zukünftig gestrichen werden.

Studenten-Syndrom
Wenn in Zeitschätzungen eine signifikante Reserve eingebaut ist, wissen wir, dass wir im Normalfall deutlich weniger Zeit brauchen werden, um die Aufgabe abzuschließen. Der Druck, mit der Aufgabe zu beginnen und „dranzubleiben" ist gerade zu Beginn des eingeplanten Zeitraumes noch nicht be-

sonders groß. Wir lassen es daher - gerade anfangs - zu, uns von anderen Aufgaben stören zu lassen und dadurch den Beginn an der Projektaufgabe zu verzögern. Jeder kennt diese Situation aus seiner Schul- und Studienzeit. Eine Aufgabe wird erst dann begonnen, wenn es unbedingt nötig ist... und dann wird mit Hochdruck Tag und Nacht daran gearbeitet. Wenn nun aber etwas Unvorhergesehenes dazwischen kommt (und das ist ja nicht ungewöhnlich), dann können wir den Termin nicht halten - oder nur mit schlechterer Qualität, was unter Umständen spätere Nacharbeit hervorruft.

Außerdem: Angenommen, die Aufgabe, die vor meiner Aufgabe abgeschlossen sein muss, ist deutlich früher fertig als geplant. Wird mich das dazu bringen, früher mit meiner Projektaufgabe zu beginnen?

Nein, denn ich habe ja Zeit bis zu meinem eigenen Abgabetermin - egal ob mein Vorgänger früher fertig ist oder nicht. Außerdem würde ich - wenn ich früher anfangen würde als geplant - ja zeigen, dass ich nicht voll ausgelastet bin und Zeit habe, früher anzufangen. Auch das wäre fatal!

Verkettung von Aufgaben und Ressourcen
In einem Projekt sind Aufgaben voneinander abhängig. Vorgängeraufgaben müssen abgeschlossen sein, bevor Nachfolgeraufgaben beginnen können. Verzögert sich nur einer der Vorgänger, verzögert sich dadurch auch der Nachfolger. Eine frühzeitige Lieferung bei einem von mehreren Vorgängern führt jedoch keinesfalls dazu, dass die Nachfolgeraufgabe früher beginnen kann.

Goldratt und die Theory of Constraints

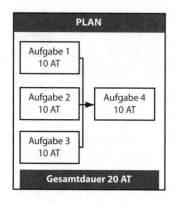
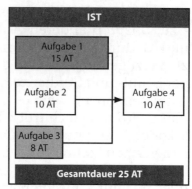

Ein ähnlicher Effekt tritt ein, wenn ein Mitarbeiter eine Projektaufgabe erledigen soll, aber noch durch eine andere Aufgabe (innerhalb oder außerhalb des Projektes / in einem anderen Projekt) gebunden ist. Seine Verspätung führt zu einer Verzögerung der Aufgabe - während die Tatsache, dass er früher „frei" ist, nicht zu einer Beschleunigung des Projektes führt.

Zusammengefasst: Verfrühungen entstehen nicht. Wenn sie doch entstehen, werden sie nicht weitergegeben. Aufgaben werden nicht vorzeitig fertig. Murphy lebt, Verspätungen kommen vor. Verspätungen können nicht aufgeholt werden. Projekte werden nicht rechtzeitig fertig. Und wenn doch, dann wird das Budget überschritten oder die Qualität leidet.

Ihre Projektleiter können nicht erfolgreich sein!

Solange Führungskräfte daran glauben, dass die Optimierung von Teilen (den einzelnen Projektschritt absichern) automatisch zur Optimierung des Ganzen (das Projekt ist rechtzeitig fertig) führt, gibt es keinen Ausweg aus diesem Problem.

Lösung: Critical Chain

Die Zeitschätzung bei der „kritischen Kette" erfolgt im Gegensatz zu den klassischen Verfahren ohne Reserven. Die Mitarbeiter wissen, dass ihre Schätzungen nicht als „Versprechen" in den Projektplan eingetragen werden.

Die kritische Kette ist nun die längste Kette voneinander abhängiger Aufgaben unter Berücksichtigung von Abhängigkeiten, die sich aus den Ressourcen ergeben (dargestellt durch die breite Linie in der Abbildung unten). Sie ist der Engpass des Projektes. Schneller als sie kann das Projekt nicht abgeschlossen werden.

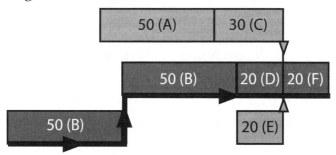

Im klassischen Projektmanagement wird versucht, das Projektende dadurch abzusichern, dass in jeder Aufgabe eine eigene Sicherheitsreserve eingebaut wird. Im Konzept der kritischen Kette dagegen wird diese Sicherheitsreserve aus den einzelnen Projektaufgaben entfernt, an das Ende der kritischen Kette gestellt und schafft damit eine Reserve für alle Eventualitäten, die den rechtzeitigen Projektabschluss gefährden könnten (siehe folgende Abbildung).

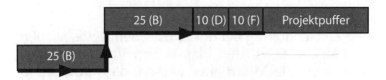

Der Projektpuffer am Ende des Projektes darf durch das Management nicht verändert werden. Optimierungswünsche beispielsweise, dass man ja nun das Projektende nach vorne verlegen könnte sind absolut tabu, weil sonst der gesamte Projektplan hinfällig wird.

Da die kritische Kette die Durchlaufzeit des gesamten Projektes bestimmt und eine Verzögerung der kritischen Kette automatisch zu einer Verzögerung des gesamten Projektes führen würde, sind Spielregeln und Maßnahmen erforderlich, die die kritische Kette gegen Verzögerungen schützen. Die beiden wichtigsten Ansätze dazu sind:

- Puffer für die Zulieferketten einzufügen
- das Staffelläufer-Prinzip zu realisieren

Zulieferketten mit Zeitpuffern versehen
Um zu vermeiden, dass eine Verspätung auf einem zuliefernden Pfad zu einer Verzögerung des kritischen Pfades führt, planen wir am Ende einer zuliefernden Kette ebenfalls einen Puffer ein, der groß genug ist, um Murphy zu begegnen.

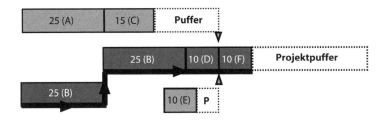

Staffellauf-Prinzip

Im Sport gelten für den Staffelläufer einfache Regeln:

- Wenn er auf die Staffelübergabe wartet, bereitet er sich vor, schaut zurück, wann die Staffelübergabe zu erwarten ist und läuft dann an, damit er die richtige Geschwindigkeit hat und die Übergabe reibungslos erfolgen kann.

- Wenn er den Stab hat, dann besteht seine einzige Aufgabe darin, zu laufen und den Stab an den nächsten Läufer zu übergeben bzw. ins Ziel zu tragen. Es würde niemand tolerieren, wenn er zwischendurch einen Hochsprung oder eine Pause macht...

Diese einfachen Prinzipien übertragen wir auf das Projektmanagement:

- Beginnen Sie mit Ihrer Projektaufgabe sofort, wenn der Vorgänger Ihnen die Aufgabe übergeben hat.

- Kommunizieren Sie regelmäßig mit Ihrem Vorgänger darüber, wann Sie mit der Übergabe der Aufgabe rechnen können.

- Arbeiten Sie zu 100 % an der einen Projektaufgabe, damit diese so schnell wie möglich abgeschlossen wird.

Und wie steuern wir die Projekte?

Projektfortschritt

In vielen Fällen wird der Fortschritt eines Projektes anhand der verbrauchten Ressourcen oder der prozentualen Abarbeitung der Aufgaben gemessen. Diese Messung kann uns leicht in die Irre führen. Beispiel:

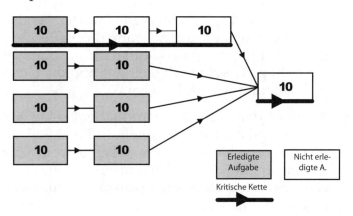

Die Zahlen sind Arbeitstage. Das Projekt umfasst also den Einsatz von 100 Tagen Arbeit. Ist dieses Projekt wirklich zu 70 % abgeschlossen? Oder ist der Projektfortschritt 25 %?

Verwenden Sie den Fortschritt auf der kritischen Kette als Kennzahl für den Projektfortschritt.

Pufferverbrauch

Die Puffer am Ende der kritischen Kette und am Ende der zuliefernden Ketten werden im Laufe des Projektes verbraucht: Wenn eine Aufgabe auf der kritischen Kette länger dauert als geplant, verbraucht das den Projektpuffer.

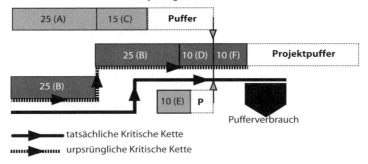

Wenn eine Aufgabe auf einer zuliefernden Kette länger dauert als geplant, verbraucht das den Puffer vor dem Integrationspunkt der Ketten.

Projektstatus

Die Geschwindigkeit des Pufferverbrauchs sagt etwas über die Sicherheit des Projektes aus. Je langsamer der Projekt-Puffer – im Verhältnis zum Projektfortschritt – verbraucht wird, um so sicherer ist das Projekt.

Goldratt und die Theory of Constraints

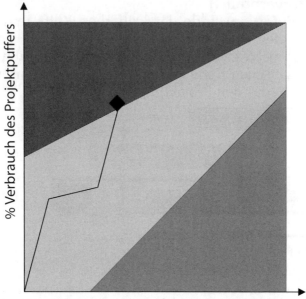

Das gilt analog auch für die zuliefernden Ketten. So lange die Zulieferketten jeweils ihren Projektpuffer langsamer verbrauchen als sie mit ihrer Arbeit inhaltlich fortschreiten, so lange sind sie auf der sicheren Seite und brauchen keine Warnung abzugeben.

So erkennen Sie nicht nur den aktuellen Status des Projektes, sondern auch die Entwicklungen in der letzten Zeit. Das oben dargestellte Projekt ist offensichtlich stark gefährdet.

Multiprojekt-Controlling

Durch den Projektstatus erhalten Sie außerdem eine Übersicht zum Stand aller Projekte – unabhängig von ihrer Größe, ihrer Art, ihrem Fortschritt.

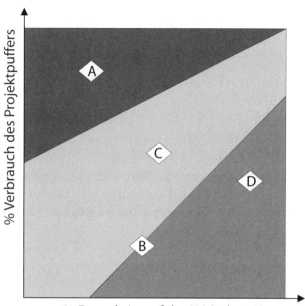

Dies ist eine ideale Basis, um im Ernstfall über Prioritäten und den Einsatz von Mitarbeitern zu entscheiden.

Denkanstöße

- Wie werden in Ihrem Unternehmen Zeiten und Aufwände geschätzt? Wie werden Projekte geplant?
- Wie wichtig ist Termineinhaltung innerhalb des Projektes für einzelne Projektschritte?
- Wie groß ist der Druck auf die Mitarbeiter?
- Welche spürbaren Auswirkungen hat das auf Ihr Unternehmen?

Zusammenfassung

Projektpläne enthalten erhebliche Sicherheiten, die jedoch wieder verloren gehen. Critical Chain Projektmanagement sorgt dafür, dass die Sicherheiten explizit sind und dass das Projekt gegen Verzögerungen geschützt wird.

Die Kunden stehen nicht vor der Tür!

Sie haben weniger Kunden als Sie brauchen? Sie diskutieren aus diesem Grund immer wieder über Kapazitätsabbau? Der Wettbewerb wird über den Preis geführt? Es gibt einen Druck vom Markt, die Preise zu senken?

Wie können wir unsere Produkte und Leistungen wesentlich attraktiver für den Markt machen – ohne gleich neue Produkte (mit entsprechendem Aufwand) entwickeln zu müssen?

Der Engpass ist im Markt

Manchmal ist der Engpass, der das Unternehmen daran hindert, seine Ziele besser zu erreichen, im Unternehmen: in Produktion, Distribution, Entwicklung, Projektmanagement, ...

Oft aber ist der Engpass draußen, im Markt. Bei Ihnen nicht? Spätestens wenn Sie die Empfehlungen der vorangehenden Kapitel umgesetzt haben, ist erhebliche Kapazität freigesetzt worden. Was wollen Sie damit anfangen? Leute entlassen? Kommen die nötigen neuen Aufträge dann von selbst?

Der externe Engpass kann unzureichende Nachfrage sein, aber auch die schlechte Performance von Lieferanten oder die fehlende Bereitschaft von Banken oder anderen Investoren, das nötige Kapital zur Verfügung zu stellen.

Probleme im Markt

Der Schlüssel in all diesen Fällen liegt darin, dass die Kunden, Lieferanten, Banken ihre eigenen

Probleme, Schwierigkeiten und Engpässe haben. Diese Schwierigkeiten haben etwas mit den Mechanismen des Marktes zu tun, in dem wir agieren. Und wenn es uns gelingt, Angebote in Zusammenhang mit unseren Produkten zu definieren, die diese Probleme lösen, dann können wir dem Markt etwas bieten, was unsere Anziehungskraft erheblich steigert.

Das Marketing-Dilemma

Jeder, der Marketing betreibt (im Gegensatz zu vielen anderen Menschen im Unternehmen) weiß und hat zutiefst verinnerlicht, dass der Wert eines Produktes oder einer Dienstleistung ausschließlich davon bestimmt wird, welchen Nutzen der Kunde aus dem Produkt bzw. der Dienstleistung erwartet. Natürlich haben unterschiedliche Kunden unterschiedliche Bedürfnisse und deshalb auch unterschiedliche Wert-Einschätzungen.

Es gibt aber noch eine andere Sichtweise bezüglich des Wertes eines Produktes. Diese zweite Sichtweise ergibt sich aus den Anstrengungen und Investitionen, die in das Produkt einfließen bzw. schon eingeflossen sind (für Material, Arbeit, Design, Distribution, Marketing usw.). Dies ist die Wert-Einschätzung der Lieferanten, die davon ausgehen, das es einen „fairen" Preis für das Produkt gibt, der sich aus den Kosten und einer angemessenen Marge errechnet.

Zwischen diesen beiden Wert-Einschätzungen ist das Marketing oft geradezu gefangen.

Goldratt und die Theory of Constraints

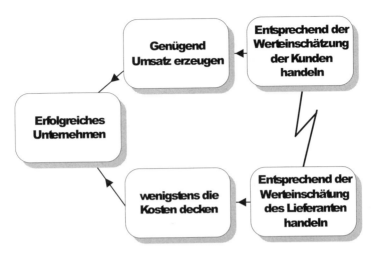

Wer kennt nicht die Diskussionen, die geführt werden, wenn Entscheidungen getroffen werden müssen, z.B.:

- Ob ein Auftrag angenommen werden soll oder nicht, wenn der Preis unterhalb der Werteinschätzung des Lieferanten liegt.
- Ob in eine Produktverbesserung investiert werden soll oder nicht.

Dieses Dilemma gibt es allerdings nur, solange die Werteinschätzung des Lieferanten oberhalb der Werteinschätzung des Kunden liegt. Oder anders ausgedrückt: solange der Kunde meint, das Produkt bzw. die Leistung sei weniger wert, als das Unternehmen/der Lieferant dafür haben will.

Die eigentliche Marketing-Aufgabe

Wenn es gelingt, die Wert-Einschätzung der Kunden so weit zu steigern, dass sie oberhalb der Wert-Einschätzung des Unternehmens liegt, dann existiert das beschriebene Dilemma nicht mehr. Dann stehen die Kunden bei Ihnen vor der Tür und wollen Aufträge plazieren - zu Konditionen, die für das Unternehmen interessant sind.

Damit ist nun auch die eigentliche Aufgabe des Marketings identifiziert: Die Wert-Einschätzung des Kunden bezüglich der Produkte / Leistungen soweit steigern, dass sie signifikant oberhalb der Wert-Einschätzung des Unternehmens liegt. Und das auf eine Art und Weise, die die Konkurrenz nicht schnell verstehen geschweige denn schnell kopieren oder nachahmen kann. Sonst wäre der Vorsprung schnell verpufft.

Allgemeiner ausgedrückt, so dass es auch auf die anderen Marktpartner passt:

Wir müssen ein Angebot definieren und an den Markt bringen, dass zum Einen die negative Wirkung des externen Engpasses auf unser eigenes Geschäft reduziert und zum Anderen den Marktpartnern einen signifikanten, quantifizierbaren Gewinn bringen.

Eine solches Win-win-Angebot nennen wir „unwiderstehliches Angebot". Und genau das ist es, was wir brauchen.

Doch wie kann das gehen?

Rigorose Marktanalyse

Sie und Ihre Mitarbeiter kennen die Schwierigkeiten, Probleme, Symptome, unter denen Ihre Kunden in Zusammenhang mit Ihren Produkten und Leistungen leiden. Solche Schwierigkeiten gibt es mit Sicherheit, denn sonst gäbe es eine nahezu unendliche Nachfrage des Marktes nach Ihren Produkten. Oder Sie hätten Produkte, die sowieso niemand braucht.

Die rigorose Marktanalyse ist ein unangenehmer Vorgang: Sie müssen herausfinden, wie Sie selbst (und Ihre Wettbewerber) – durch Ihr Verhalten am Markt – diese Schwierigkeiten und Probleme erzeugen.

Erstellen Sie zuerst eine Liste der Schwierigkeiten, Probleme, unerwünschten Wirkungen, die Ihre unmittelbaren Kunden in Zusammenhang mit Ihren Produkten und Leistungen haben.

Wählen Sie dann drei möglichst verschiedene dieser Schwierigkeiten aus und erstellen für diese eine

Dilemma-Wolke. In der Dilemma-Wolke kommt zum Ausdruck: Einerseits was Sie eigentlich tun müssten, um das Problem zu lösen; meistens wissen Sie oder Ihre Mitarbeiter das ganz genau. Andererseits, warum Sie genau das nicht tun dürfen. Es gibt nämlich stets ein Bedürfnis, das dann gefährdet wäre. Sonst hätten Sie längst gehandelt.

Legen Sie dann die drei Dilemma-Wolken nebeneinander und erkennen Sie das gemeinsame Muster, das tiefer liegende Kernproblem. Formulieren Sie dieses wieder als Dilemma aus:

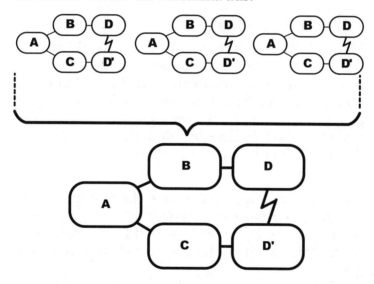

Suchen Sie dann nach den Annahmen und Begründungen, die dieses Kerndilemma bedingen und am Leben halten. Diese Begründungen sind geltende Regeln und Mechanismen der Zusammenarbeit zwischen Ihnen und Ihrem Markt.

Jetzt können Sie einen Gegenwartsbaum erstellen, durch den Sie erkennen und verstehen, durch welche Regeln, Mechanismen und Paradigmen im eigenen Unternehmen (denn nur dort kann man ansetzen) die Schwierigkeiten erzeugt werden, die der Kunde mit dem Unternehmen und seinen Produkten/Dienstleistungen hat.

Beispiel: Die Tatsache, dass Markenhersteller dem Handel große Rabatte bei Abnahme großer Mengen gewähren, führt dazu, dass Händler oft bei einzelnen Produkten ausverkauft sind, während sie bei anderen Produkten zu große Lagerbestände haben. Beides sind existenzgefährdende Wirkungen für den Händler.

Die Versuchung an dieser Stelle ist sehr groß, Ursachen zu finden, für die die Kunden „verantwortlich" sind – nur was nützt das? Sie können nur an Ursachen angreifen, die Sie selbst gesetzt haben bzw. die unter Ihrer Kontrolle sind, so dass Sie sie verändern können.

Erst wenn Sie erkannt haben, wie Sie selbst die Probleme der Kunden verursachen, haben Sie den entscheidenden Hebel zur Verbesserung gefunden. Nun halten Sie den Schlüssel dafür in der Hand, ein „unwiderstehliches Angebot" zu definieren.

Das unwiderstehliche Angebot

Sie wissen jetzt, wie Sie selbst die Probleme der Kunden verursachen und dadurch den Markt daran hindern, eine signifikant höhere Werteinschätzung von den Produkten und Leistungen des Unternehmens zu entwickeln und dementsprechend auch sehr viel mehr davon zu kaufen. Nun müssen Sie die Kernursachen lösen und neue Vorgehensweisen finden.

Betrachten Sie die gefundenen Regeln und Mechanismen. Verändern Sie diese: wie könnten wir statt dessen agieren?

Prüfen Sie dann unter Nutzung der Ursache-Wirkungs-Beziehungen, ob die Schwierigkeiten und Probleme der Kunden sich durch die neuen Regeln, Mechanismen und Vorgehensweisen auflösen. Mit anderen Worten: erstellen Sie einen Zukunftsbaum, der auf Ihren neuen Ideen basiert.

Beispiel: Wird der Handel nicht mehr durch Rabatte für einzelne Bestellungen sondern für die Gesamtbestellmenge pro Jahr honoriert, dann muss der Händler nicht mehr große Bestellungen vornehmen, sondern kann sich am tatsächlichen Absatz orientieren: Er ist seltener ausverkauft und hat weniger unverkäufliche Ware am Lager.

Nach meiner Erfahrung ist es immer möglich, ein unwiderstehliches Angebot zu finden. Lassen Sie sich dabei nicht zu früh von den „Ja, aber…"-Argumenten im eigenen Kopf bremsen. Notieren Sie diese lediglich; wir kommen im nächsten Schritt darauf zurück.

Ja, aber…

Jetzt wird es wieder unangenehm. Sie haben so eine tolle Lösung gefunden und möchten am liebsten sofort damit in den Markt gehen. Warten Sie einen Moment; Sie haben etwas übersehen!

Verteilen Sie Ihre Lösungsideen an einige Kollegen und Mitarbeiter, von denen Sie wissen, dass sie Spezialisten in „Ja, aber..." sind. Sie sind abhängig von diesen „Ja, aber..."-Aussagen, denn Sie werden nur so erfahren, woran Sie bisher nicht gedacht haben.

Dokumentieren Sie die Vorbehalte wieder unter Nutzung von Ursache-Wirkungs-Beziehungen, so dass absolut transparent ist, warum Ihre Idee den befürchteten negativen Nebeneffekt bewirkt. Besprechen Sie diese Darstellung mit den „Bedenkenträgern" – oft haben diese etwas ganz anderes gemeint.

Passen Sie Ihre Lösung so an, dass die Befürchtungen fundiert ausgeräumt sind. Überarbeiten Sie entsprechend Ihren Zukunftsbaum.

Jetzt haben Sie ein wirklich unwiderstehliches Angebot definiert, mit dem Sie an den Markt gehen können. Aber in kleinen Schritten: sonst überrollt Sie die Nachfrage und Sie verärgern Ihre Kunden, weil Sie nicht liefern können. Das ist kein Scherz.

Denkanstöße

- Wie werden in Ihrem Unternehmen Produkte und Angebote entwickelt?

- Welche Mechanismen und Regeln gelten in Ihrem Markt, die Ihren Kunden Schwierigkeiten bereiten? Welche Schwierigkeiten sind das?

- Welche spürbaren Auswirkungen hat das für Ihr Unternehmen?

Zusammenfassung

Ein unwiderstehliches Angebot entsteht dadurch, dass wir die Probleme der Kunden nachhaltig lösen. Das erfordert ein grundsätzliches Umdenken und oft die Veränderung von schon lange gültigen Regeln. Die ToC-Denkprozesse helfen, das unwiderstehliche Angebot zu definieren.

Wie überzeuge ich die anderen?

Sie meinen, es gibt Widerstände gegen Veränderungen? Widerstände bei der Umsetzung der ganzen tollen Ideen? Vielleicht haben Sie recht, vielleicht unterschätzen Sie aber auch Ihre Mitarbeiter und Führungskräfte...

Problem: Ich habe eine tolle Idee!

Top-Manager sind Strategen. Sie analysieren Probleme und finden Lösungen... und dann müssen sie dafür sorgen, dass diese auch umgesetzt werden.

Jeder Mitarbeiter einer Organisation ist ein Verkäufer, der seine Ideen, Vorschläge und Konzepte an andere Personen innerhalb oder außerhalb der eigenen Organisation verkauft. Sogar ein Vorstand oder Geschäftsführer, ja sogar der Eigentümer eines Unternehmens braucht die Zustimmung und aktive Mitwirkung seiner Führungskräfte und Mitarbeiter, um seine Strategien erfolgreich umsetzen zu können.

Unabhängig davon, um welche Strategien und Verbesserungen es sich handelt, müssen drei wesentliche Fragen beantwortet werden:

- Was soll geändert werden?
- In welche Richtung sollen diese Änderungen gehen?
- Wie soll die Veränderung realisiert werden?

Die ersten beiden Fragen werden oft schnell und klar beantwortet. Danach ist dann „eigentlich alles klar" und es kann umgesetzt werden... und dann tauchen – völlig unerwartet – Widerstände auf. Sie machen deutlich: Die Umsetzung ist die eigentliche Herausforderung.

Jeder, der eine von ihm erdachte Strategie oder Problemlösung umsetzen möchte, sieht sich einem Dilemma gegenüber: Soll er seine begrenzte Zeit dafür verwenden, die Lösung perfekt und in allen Einzelheiten auszuarbeiten und darzustellen oder soll er lieber daran arbeiten, die Zustimmung und Mitwirkung aller Betroffenen und Beteiligten zu erhalten?

Oft glauben wir, dass die perfekte Ausarbeitung einer Idee den Widerstand automatisch verringern wird. Aber genau diese Annahme führt dazu, dass wir die Augen gegenüber möglichen Widerständen verschließen und dadurch nicht vorbereitet sind, wenn diese plötzlich auftreten.

Widerstände sind Zeichen dafür, dass alte und neue Paradigmen aufeinandertreffen: Der ungeschriebene Orientierungsrahmen für Planungen, Entscheidungen und die Umsetzung der Pläne wird berührt. Wer solche Grundsätzlichkeiten verändern will, muss zwangsläufig mit Widerständen rechnen.

Es ist ein entscheidender Kunstgriff von Goldratt, diese Widerstände nicht zu bekämpfen. Er nutzt sie für den Veränderungsprozess als elementare Hilfe. Widerstände sind sinnvolle und notwendige Beiträge zu Prozessen der Entwicklung, der Veränderung und Verbesserung – und müssen deshalb ernst genommen werden. Sie sind der Schlüssel, eine Strategie, um neue Paradigmen zu entwickeln und zu implementieren. Ohne diese Widerstände, sagt

Goldratt und die Theory of Constraints

Goldratt, ist ein Veränderungsprozess nicht möglich. Folglich wird in einem Veränderungsprozess, der sechs „Schichten" durchläuft, zu keiner Zeit gegen den Widerstand argumentiert und gearbeitet. Noch weniger wird ein fertiges Konzept durchgesetzt. Widerstände sind vielmehr Ausgangspunkte für Lösungen und Ergebnisse.

Anders ausgedrückt: Zuerst wird die Lösung durch den „Erfinder" ausgearbeitet, aber dann wird sie unter Einbeziehung der Betroffenen systematisch überprüft. Dabei werden „Widerstände" nicht als etwas Problematisches, sondern als wertvolle Beiträge zur Verbesserung der Lösung und ihrer Umsetzbarkeit betrachtet.

Was soll geändert werden?
- Schicht 1: Fehlende Übereinstimmung über das Problem (über die Schwierigkeiten und ihren Ursachen)

Wie sieht die Zukunft aus?
- Schicht 2: Fehlende Übereinstimmung über die grundsätzliche Problemlösung (wie sieht die neue „Ursache" aus?)

- Schicht 3: Fehlende Übereinstimmung darüber, dass die Lösung zu den gewünschten positiven Wirkungen führt (und dabei die Schwierigkeiten aus Schicht 1 beseitigt)

- Schicht 4: Befürchtung, dass es neben den gewünschten positiven Wirkungen auch negative Nebeneffekte gibt, die möglicherweise ebenso schlecht oder sogar noch schlimmer sind als die ursprünglichen Schwierigkeiten.

Wie soll die Veränderung realisiert werden?
- Schicht 5: Befürchtung, dass es unüberwindbare Hindernisse und Stolpersteine gibt, so dass die neue Ursache nicht gesetzt werden kann.
- Schicht 6: Keine Handlung trotz ausdrücklicher Zustimmung

Obwohl nicht in jedem Fall alle sechs Schichten des Widerstandes auftreten, scheint es doch so zu sein, dass Widerstände - wenn sie auftreten – in dieser dargestellten Reihenfolge auftauchen. Zumindest sollten sie in dieser Reihenfolge angesprochen und geklärt werden, denn es erscheint selbstverständlich, dass wir kaum über Stolpersteine der Umsetzung einer Lösung (Schicht 5) reden werden, wenn diese Lösung selbst noch nicht verstanden und akzeptiert ist (Schichten 2, 3, 4). Diese natürliche Reihenfolge der Schichten des Widerstandes ermöglicht es uns, einen systematischen Prozess zu entwickeln, der die Widerstände erkennt, sie bearbeitet und in Zustimmung und Zusammenarbeit umwandelt.

Wenn der Promotor einer Lösung oder eines neuen Konzeptes die Ebenen des Widerstandes kennt und mit ihnen umgehen kann, dann verbessert dies seine Fähigkeit, die Lösung zu verkaufen und die erforderliche Zustimmung und Zusammenarbeit zu bewirken, erheblich.

Die Schichten des Widerstandes und der richtige Umgang mit ihnen beinhaltet jedoch noch einen viel weitergehenden Nutzen als lediglich die Überwindung der Widerstände. Anstatt Widerstände als etwas Problematisches und Störendes zu empfinden, verwenden wir sie als ein wertvolles Hilfsmittel, um Optimierungsmöglichkeiten an unseren Konzepten zu erkennen und zu nutzen.

Zum Beispiel:

Wenn wir im Rahmen einer Konzeptentwicklung bei der Schicht 4 („ja, aber...") ankommen, dann hilft uns die Analyse möglicher negativer Nebeneffekte in zweifacher Hinsicht:

- Die Lösung so weit zu verbessern, dass diese negativen Nebeneffekte nicht auftreten

- Die „Bedenkenträger" in den Konzeptionsprozess so einzubinden, dass diese an der Gestaltung des Konzeptes aktiv mitwirken. Dadurch ist ihre Unterstützung und Mitwirkung bei der späteren Umsetzung des Konzeptes nahezu sichergestellt.

Noch ein Beispiel (Schicht 5 - Stolpersteine):

Wenn wir bei der Erstellung eines Umsetzungsplanes für unser Konzept die möglichen Stolpersteine aktiv suchen, statt sie nur auf uns zukommen zu lassen, dann hilft uns auch das in zweifacher Hinsicht:

- Wir verbessern den Implementierungsplan

- Wir gewinnen durch das Adressieren und Bearbeiten der Stolpersteine auch die Zusammenarbeit und Mitwirkung derjenigen Personen, die sonst als „Bedenkenträger" gelten.

Die Stolpersteine, die wir auf diesem Wege identifizieren, existieren sowieso, egal ob wir sie jetzt schon erkennen und uns darauf einstellen oder erst zu einem späteren Zeitpunkt. Es ist jedoch viel besser, mögliche Schwierigkeiten frühzeitig zu erkennen und in den Umsetzungsplan einbauen zu können. Dadurch sind wir einerseits besser auf die Stolpersteine vorbereitet und erhalten andererseits auch einen fundierteren Projektplan.

Es kommt leider viel zu oft vor, dass der Entwickler einer Lösung (sei es nun ein Konstrukteur für eine technische Entwicklung oder eine Führungskraft, wenn es um die Veränderung von Abläufen oder Organisationsstrukturen geht) so sehr auf die Vorteile seiner Lösung fixiert ist, dass er die möglichen negativen Nebeneffekte und Stolpersteine nicht nur übersieht, sondern – was viel schlimmer ist – dazu neigt, diese herunter zu spielen. Wenn zu einem späteren Zeitpunkt diese negativen Nebeneffekte und Stolpersteine dann deutlich werden, erscheinen sie in der Wahrnehmung des Entwicklers als völlig unerwartet und unberechtigt, während sie aus der Sicht der Bedenkenträger wertvolle Hinweise für die weitere Verbesserung der Lösung und des Umsetzungskonzeptes darstellen. Je mehr der Entwickler einer Lösung die Augen und Ohren gegenüber diesen Widerständen verschließt, um so länger wird der Weg sein, den er anschließend zurücklegen muss während er versucht, seine Lösung in der Organisation zu verkaufen.

Öffnet er sich jedoch frühzeitig für die Äußerung von negativen Nebeneffekten und Stolpersteinen, kann er von vornherein Zustimmung und Mitwirkung der Beteiligten erzielen und dadurch eine schnellere Entwicklung und Umsetzung seiner Idee bewirken.

Die Theory of Constraints stellt mit ihren „Denkprozessen" ein vollständiges und wirkungsvolles Toolset zur Verfügung. Dieses hilft uns nicht nur, die Widerstände zu erkennen und zu bearbeiten, sondern auch die ursprüngliche Lösung weit über ihren ersten Entwurf hinaus zu verbessern.

Die TOC-Denkprozesse sind logische Analyse-, Entwicklungs- und Kommunikationsinstrumente, die unabhängig voneinander genutzt werden können, in ihrem Zusammenwirken jedoch einen schlüssigen Problemlösungs- und Changemanagementprozess darstellen. Ihre Absicht besteht darin, die Intuition der beteiligten Menschen zu nutzen und in eine Form zu bringen, die es ermöglicht, über das intuitive Wissen rational zu diskutieren. Das Wissen kann ohne persönliche Angriffe hinterfragt und schließlich so modifiziert werden, dass es immer mehr von einer persönlichen Wahrheit zu einem gemeinsamen Bild eines Teams wird.

Die TOC-Denkprozesse werden für die Entwicklung einer Lösung ebenso genutzt wie für die Kommunikation, Zusammenarbeit und Konsensfindung zwischen all den Personen und Interessengruppen, die in die Entwicklung und Umsetzung einer Lösung eingebunden sein müssen oder davon betroffen sind.

Goldratt und die Theory of Constraints

Logische Zusammenhänge

Bevor wir nun die einzelnen Denkprozesse und deren Verbindung darstellen, müssen wir die zwei „Logik-Konzepte" verstehen, die den Kern der TOC-Denkprozesse ausmachen: die „Necessary-cause-Logik" und die „Sufficient-cause-Logik"

Necessary-cause-Logik

Von „Necessary-cause-Logik" sprechen wir dann, wenn ein Ursache-Wirkungs-Zusammenhang in der folgenden Form dargestellt wird: *„Um A zu erreichen, muss ich (vorher) B erreicht/getan/sichergestellt haben"*

Necessary-cause-Logik beschreibt also die Voraussetzungen, die erfüllt sein müssen, um eine gewünschte Wirkung zu erzielen.

Die so dargestellten Ursache-Wirkungs-Verknüpfungen basieren stets auf impliziten Annahmen, die dadurch diskutierbar und hinterfragbar werden, dass wir sie explizit in folgender Form formulieren: *„Um A zu erreichen, muss ich B sicherstellen, weil X"*

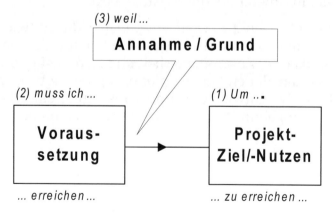

„X" steht dabei für die bis dahin unausgesprochene Annahme der Person, die den Ursache-Wirkungs-Zusammenhang postuliert hat. Diese Annahme kann so zu einer gemeinsamen Argumentation eines Teams werden oder auch als nicht zutreffende Annahme identifiziert werden. Letzteres kann dazu führen, dass die behauptete Ursache-Wirkungs-Verknüpfung aufgelöst und ggf. durch eine andere ersetzt wird.

Die Verwendung des einfachen Satzes „Um A zu erhalten, muss ich B sicherstellen, weil X" ist also eine wirkungsvolle Methode, mit der die Intuition Einzelner über Ursache-Wirkungs-Zusammenhänge dargestellt und zum gemeinsamen Wissen eines Teams weiterentwickelt werden kann.

Sufficient-cause-Logik
Sufficient-cause-Logik besteht aus der Beschreibung von Ursache-Wirkungs-Zusammenhängen in der Form *„Wenn A dann B weil X"*.

Mit Hilfe der Sufficient-cause-Logik beschreiben wir eine real existierende Situation und deren Ursachen bzw. eine in der Zukunft erwünschte Situation und die dafür zu setzenden neuen Ursachen. Da oft erst mehrere Ursachen eine Wirkung erzeugen, drückt sich die Sufficient-cause-Logik oft auch in dieser Form aus: *„wenn A und wenn B und wenn C dann D"*

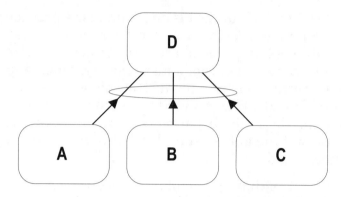

Die TOC-Denkprozesse, die auf diesen beiden logischen Konzepten beruhen, erhalten dadurch ihre starke Wirkung, dass sie es uns ermöglichen, unser intuitives Verständnis hinsichtlich logischer Zusammenhänge darzustellen und zu überprüfen. Sie sind auch deshalb besonders wirksam, weil sie es durch ihre grafische Darstellung ermöglichen, eine größere Folge von Ursache-Wirkungs-Zusammenhängen auf einen Blick wahr zu nehmen, zu verstehen und zu bearbeiten.

Im Folgenden werden nun die einzelnen Ebenen des Widerstandes und die auf diesen Ebenen genutzten Methoden / Denkprozesse beschrieben.

Schicht 1: Ist das mein Problem?
Fehlende Übereinstimmung über das Problem

Am Anfang jeder Veränderung steht die Einsicht: Es gibt Schwierigkeiten im Unternehmen. Jeder Mitarbeiter weiß, was in seiner Abteilung verbessert werden kann. Weniger offensichtlich sind die Zusammenhänge zwischen all den „verstreuten" Schwierigkeiten und – so merkwürdig es klingt

– auch das mögliche Ziel, das mit der Beseitigung der Schwierigkeiten erreicht werden soll. Eine weithin akzeptierte Formel für dieses Ziel lautet: Geld zu verdienen – heute und in Zukunft (Goldratts Diktum: „Make money - now and in the future"). Es mag sein, dass dieses Ziel nirgends ausdrücklich formuliert ist; dennoch muss es gelten, wenn das Unternehmen auf lange Sicht überleben soll.

Die ToC fragt deshalb: Wo ist der Engpass? Was hindert das Unternehmen daran, sein Ziel zu erreichen? Wo wird es gehemmt? Auf welche Ursachen verweisen die Schwierigkeiten? Die Schwierigkeiten – die so genannten unerwünschten Effekte (UE) der bisherigen Praxis – werden gesammelt und aufgelistet. Sie stehen zueinander in logischer Abhängigkeit. Die „logischen Fäden" durchziehen die unerwünschten Effekte wie ein Netz, das an einigen wenigen Fixpunkten aufgehängt ist.

Jedes Mitglied einer Organisation hat seine eigene Perspektive auf solche Schwierigkeiten und Zusammenhänge. Es hat seine Meinung, was „schief läuft" und was dagegen getan werden sollte. Doch hat jeder meist und in erster Linie seinen eigenen Bereich im Blick; bestenfalls kann er die direkte Nachbarschaft beobachten. Im Veränderungsprozess werden Zusammenhänge mit Hilfe des „Gegenwartsbaumes" über alle Abteilungen hin deutlich; von den Symptomen aus wird der logische Faden aufgenommen und zur Wurzel – zu den Kernursachen – zurückverfolgt.

Soll die Suche nach Kernursachen erfolgreich sein, müssen alle Teile der Organisation an dieser Diagnose teilhaben. Bislang beobachten und beurteilen nur Einzelne separate Teile des Unternehmens. So werden Unternehmen vorwiegend stellenweise (lokal) verbessert und lediglich Symptome behandelt. Ein Flickwerk entsteht, die Erfolge einer Insellösung verpuffen im Ganzen. Es mangelt dabei nicht am Willen zur ganzheitlichen Betrachtung, aber die Methoden systematischer Suche nach Kernursachen sind nicht bekannt, Mitarbeiter und Führungskräfte in diesen Techniken nicht geübt.

In der ersten Schicht des Prozesses gilt es daher nun, eine Übereinstimmung hinsichtlich des Problems zu erreichen: ein gemeinsames Bild der Schwierigkeiten und deren Ursachen. Instrument der Suche nach Kernursachen ist der „Gegenwartsbaum". Die Symptome sind die „Zweige" des Baums, die Kernursachen seine Wurzeln. Im Veränderungsprozess werden die genannten Schwierigkeiten folglich als Zweige notiert, von denen aus man sich zu Ästen, Stamm und Wurzeln vortastet. Widerstände gegen Beobachtungen, Vermutungen, Meinungen und Erkenntnisse, die sich in der Diskussion zeigen, werden aufgenommen und in die Übersicht eingetragen.

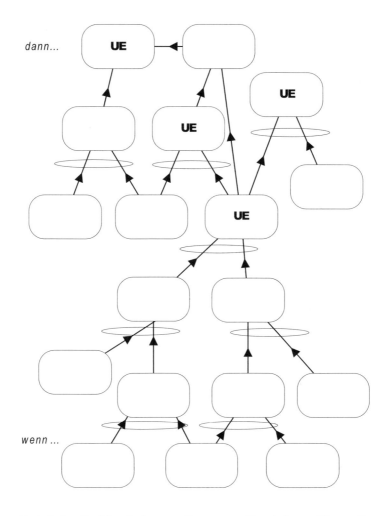

Schicht 2: Und das soll unser Problem lösen?
Fehlende Übereinstimmung über die Lösungsrichtung

Nach der Bestandsaufnahme und Ursachenforschung wird im nächsten Schritt die Richtung der Lösung erarbeitet, ein Schritt, bei dem das „Für und

Goldratt und die Theory of Constraints

Wider" der vorgeschlagenen Richtungen kontrovers erörtert wird. Erfahrungsgemäß werden bei der Diskussion möglicher Lösungswege erstmals die Paradigmen der Unternehmensführung berührt; Widerstände bei unorthodox klingenden Vorschlägen sind sehr wahrscheinlich. Denn: es gibt gute Gründe für die bisher praktizierte Vorgehensweise, also dafür, dass die Kernursache nicht schon längst beseitigt wurde; eine positive Absicht ist damit verbunden.

Beispiel: Die „lokalen Effizienzen als dominante Kennzahlen" wurden verwendet, weil so „Verschwendung vermieden" werden sollte.

Für die Erarbeitung einer Lösung und die Aufhebung von Widersprüchen in diesem Zusammenhang bietet die Theory of Constraints ein Werkzeug, die Dilemma-Wolke. Mit ihr lässt sich jedes Problem als ein Konflikt zwischen zwei gegensätzlichen, sich ausschließenden Handlungsweisen darstellen (Dilemma).

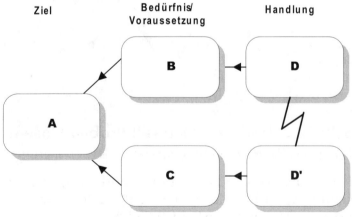

Goldratt und die Theory of Constraints

Es sind sich alle einig, dass Ziel A erreicht werden soll. Um A zu erreichen, müssen die Voraussetzungen B und C erfüllt werden. B und C haben wieder die Handlungen D und D' als Voraussetzung; D und D' allerdings schließen einander aus.

Beispiel: „mit lokalen Effizienzmessgrößen arbeiten" und „auf keinen Fall mit lokalen Effizienzmessgrößen arbeiten" schließen sich aus.

Eine Grundaussage der TOC ist, dass solche Konflikte nur aufgrund von – möglicherweise seit langer Zeit etablierten – Denkfehlern bestehen und dass jeder Konflikt / jedes Dilemma zu einer Win-win-Lösung gebracht werden kann, wenn der zugrundeliegende Denkfehler gefunden wird.

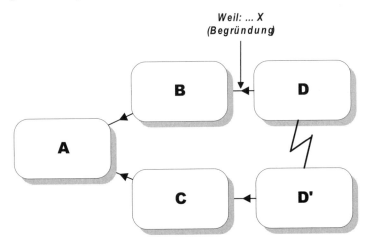

Erst wenn dieser „Denkfehler" identifiziert ist, kann Einigkeit hinsichtlich der Lösungsrichtung bestehen.

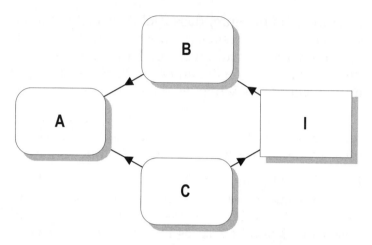

Anhand der so gefundenen Lösungsrichtung kann die Lösung direkt abgeleitet oder zumindest überprüft werden.

Bei der Arbeit mit der Dilemma-Wolke zeigt sich die Kraft strenger Logik. Dieser Methode im Umgang mit Widerständen zu folgen hat einen erstaunlichen Effekt: Der Widerstand wird nicht gebrochen. Er wird gewissermaßen in die Konzeption „hinein geholt". Gegenargumente werden visualisiert und logisch „durchgespielt". Diese Strategie nimmt harsch vorgetragenen Argumenten den emotionalen Wind aus den Segeln. Wir haben festgestellt, dass Führungskräfte, die mit ihren Widerständen auf Probleme aufmerksam machen, oftmals bereits die Lösung der Probleme kennen – und diese, wenn der Widerstand erst gewürdigt und bearbeitet worden ist, bereitwillig teilen. Aus dem scheinbaren Widerstand ist Mitwirkung geworden. Es besteht Einigkeit hinsichtlich der Lösungsrichtung.

Goldratt und die Theory of Constraints

Schicht 3: Das bringt doch nichts ...
Fehlende Übereinstimmung, dass die Lösung die Schwierigkeiten tatsächlich beseitigen wird.

Mit Hilfe des Gegenwartsbaumes haben wir beim Durchschreiten der Schicht 1 die Ursache-Wirkungs-Zusammenhänge in der Ist-Situation der Organisation dargestellt und dadurch den Zusammenhang zwischen dem identifizierten Kernkonflikt und den Symptomen sichtbar gemacht.

Mittels der Sufficient-cause-Logik wird ein eindeutiger Zusammenhang dargestellt, der aussagt, dass aus den genannten Ursachen (an erster Stelle der identifizierte Kernkonflikt) eindeutig die genannten Wirkungen folgen. Ausgehend davon, dass dies eine tatsächliche Abbildung der Realität ist, muss - wenn an Stelle des Kernkonfliktes eine andere, neue Ursache in das System injiziert wird („Injektion") - diese dazu führen, dass die aus der ursprünglichen Ursache folgenden Wirkungen sich ebenfalls verändern.

Diese neue, zukünftige - heute also noch nicht existierende - Realität stellen wir dann in einem „Zukunftsbaum" dar. Der Zweck des Zukunftsbaumes ist es, eine Strategie der Organisation zu entwickeln und zu kommunizieren; eine Strategie, die eine klare Vision enthält, wie die heute existierenden Symptome (UEs = unerwünschte Effekte) des Gegenwartsbaumes in gewünschte zukünftige Ergebnisse (EEs = erwünschte Effekte) umgewandelt werden können.

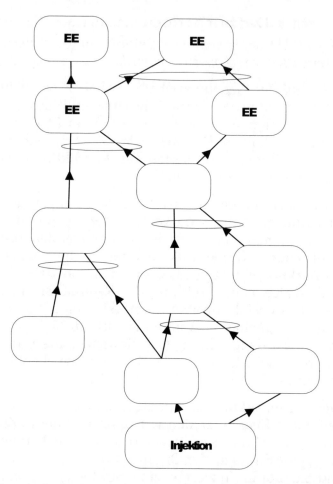

Damit haben wir einen eindeutigen Zusammenhang zwischen der Lösung („Injektion") und den gewünschten, zukünftigen Ergebnissen dargestellt. Wenn dieser Zusammenhang den Betroffenen und Beteiligten präsentiert wird, ist er entweder sofort einleuchtend oder löst Fragen aus. Diese Fragen können zu einer Anpassung des Zukunftsbaumes

Goldratt und die Theory of Constraints

führen, also zu einer Verbesserung der Lösung und einer Verbesserung Ihrer Fähigkeit, die Lösung zu verkaufen.

Zur Erläuterung nochmals die Metapher des Patienten: Anhand der Symptome findet der Arzt die Kernursachen. Mit einem Eingriff (Injektion) „verändert" er nun die Kernursachen; die Symptome verschwinden. Eben diese Injektion (Lösung) kann im Zukunftsbaum vorgenommen werden. Die Kernursachen – Paradigmen – werden verändert. Über die logische Verkettung setzt sich diese Veränderung bis zu den Symptomen fort. Das gleicht einer Simulation. Was wird wirklich verändert? Mit den Annahmen und Argumenten wird experimentiert. Was geschieht beispielsweise im Projektmanagement, wenn das Kostendenken dem Durchsatzdenken weicht? Wie wirkt sich dieser Schritt auf Projektplanungen, überlastete Spezialisten, Pufferzeiten und das Multiprojektmanagement aus?

Mit diesen Simulationen hat sich der Gegenwartsbaum zum Zukunftsbaum – der Simulation des künftigen unternehmerischen Handelns - gewandelt. Er beschreibt, wie das Unternehmen künftig gestaltet sein soll; er skizziert die entwickelte Strategie als Vision und er hilft, diese Strategie zu kommunizieren.

Jetzt hat sich der scheinbare Widerstand in Zustimmung verwandelt. Es besteht Einigkeit darin, dass die gefundene Lösung die Schwierigkeiten tatsächlich beseitigen und in positive Ergebnisse umwandeln wird.

Schicht 4: Ja, aber...
Befürchtung, dass die Lösung zu neuen negativen Nebeneffekten führt

Nachdem die Lösung entwickelt und im Zukunftsbaum dargestellt wurde, muss sie kommuniziert und „verkauft" werden. Selbst wenn wir dabei eine generelle Zustimmung zur präsentierten Lösung erhalten, ist es sehr wahrscheinlich, dass wir Äußerungen hören werden, die mit den Worten: „Ja, aber..." beginnen werden.

Fast jede Veränderung hat neben ihren positiven Wirkungen auch unerwünschte Nebenwirkungen (auch hier ist das Bild von der „Injektion" des Arztes gültig; keine Behandlung ohne „Risiken und Nebenwirkungen"). Wird im Veränderungsprozess der Lösung auch im Großen und Ganzen zugestimmt, so können und müssen diese ungünstigen Nebenwirkungen danach zur Diskussion stehen. Es sind „Ja, aber..."-Argumente, die den Widerstand kennzeichnen, und die sorgfältig diskutiert werden müssen. Was heißt dieses „Ja, aber..." genau? Üblicherweise wird „Ja, aber..." als Killerargument verstanden und daher oft mit Hilfe von Diskussionsregeln aus der Kommunikation verbannt.

Die TOC dagegen betrachtet „Ja, aber..." dagegen als positives Signal: „JA, mit der Lösung bin ich einverstanden. ABER ich befürchte negative Nebeneffekte."

Erste Aufgabe ist es, die Argumente zu verstehen. Zu klären ist, auf welchen Aspekt der Lösung sich der Einwand bezieht (auf welche „Stelle" im Zukunftsbaum) und welche Nebeneffekte erwartet und befürchtet werden. Die zweite Aufgabe ist die Klärung, weshalb – nach Meinung der Person, die den Einwand formuliert – aus der Lösung zwangsläufig der negative Nebeneffekt resultiert.

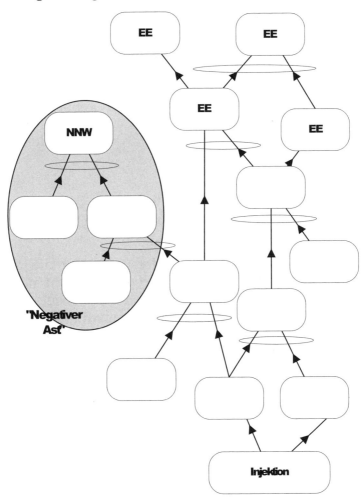

Danach identifizieren wir – ggf. wieder unter Verwendung der Dilemma-Wolke – weitere Injektionen, die erforderlich sind, um anstelle des befürchteten negativen Nebeneffekts eine gewünschte positive Auswirkung zu erzeugen.

Hat der Prozess diese vierte Schicht durchlaufen, ist die Strategie unstrittig entwickelt. Alle Beteiligten wurden in den Prozess einbezogen. Ihre Einwände, Bedenken und Befürchtungen wurden ernst genommen. Ihre Widerstände haben geholfen, das Ergebnis zu verbessern. Vor allem: Alle Beteiligten sind sich über die Strategie und die Vision detailliert einig.

Schicht 5: Das schaffen wir nie!
Befürchtung, dass die Stolpersteine bei der Umsetzung nicht überwunden werden können

In der fünften Schicht der Widerstände wird die Realisierung der Lösung diskutiert. Es geht nicht mehr um das „was", es geht nur noch um das „wie", den Modus und die Planung der Umsetzung. Stolpersteine – zu Recht vermutet oder „nur" befürchtet – werden nun aufgegriffen. Auch hier gilt das, was schon in den vorausgegangenen Schritten für den Umgang mit Widerstand galt: Einwände sind nicht zu bekämpfen, sondern im Konsens aufzulösen. Teilnehmer, die die Ideen und Lösungen anfechten, liefern einen wichtigen Beitrag zum Prozess. Sorgfältige Diskussion der Beiträge hilft, die Ergebnisse zu verbessern – und diese Personen „ins Boot zu holen", sie zu Mitstreitern zu machen.

Bei dieser fünften Schicht lohnt sich die Offensive. Widerstände – also vermutete Stolpersteine – werden abgefragt und aufgelistet. Die Gegenargumente kommen zustande, weil sich die Beteiligten (noch) nicht vorstellen können, wie die Umsetzung detailliert zu gestalten ist und wie Stolpersteine überwunden werden können.

Zunächst werden die Stolpersteine gesammelt und notiert. Anschließend werden die (scheinbar unüberwindlichen) Hindernisse umformuliert zu übersichtlichen Meilensteinen und Zwischenzielen, die das Gerüst für den Veränderungsplan bilden. Auch hier gilt das Prinzip strenger Logik: Welche Ziele, Meilensteine und Aufgaben ergeben sich aus dem Hindernis? Was muss getan werden, damit die Meilensteine erreicht werden?

Gewissermaßen wird der Stolperstein „genutzt". Dieser Schritt erhöht die Mitwirkung der Kritiker; ihre Widerstände werden in aktive Unterstützung verwandelt. Bemerkenswert: Diejenigen, die Einwände vorbringen, kennen zumeist schon die Antwort auf die Frage, wie die Stolpersteine zu meistern sind. Erst die Visualisierung und die Diskussion bringt sie dazu, diese Lösung auch zu äußern.

Im nächsten Schritt werden die Meilensteine und Zwischenziele geordnet: Welche Zwischenziele und Meilensteine sind Voraussetzung für die nächsten? Dann wird gefragt, ob die Zwischenziele und Meilensteine – sofern erreicht – ausreichen, um an das Gesamtziel zu gelangen.

Goldratt und die Theory of Constraints

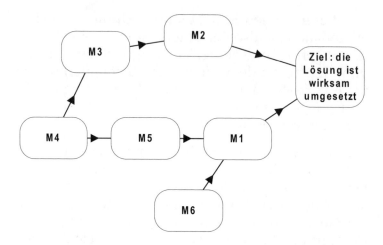

Jetzt besteht Klarheit und Einigkeit, wie die Stolpersteine überwunden und wie die gefundene Lösung tatsächlich realisiert werden kann. Die scheinbaren Widerstände sind in Zustimmung und Mitwirkung verwandelt.

Schicht 6: Trotz allem passiert nichts...
Fehlende Mitwirkung trotz ausdrücklicher Zustimmung

Mittels der vorher beschriebenen ToC-Denkprozesse können die meisten Widerstände identifiziert, bearbeitet und damit die Schichten 1 bis 5 erfolgreich durchschritten werden. Es gibt jedoch Fälle, in denen über die fünf Ebenen hinaus immer noch Widerstände dahingehend bestehen, die vereinbarte Lösung und Vorgehensweise dann auch tatsächlich umzusetzen. Diese Widerstände können sich offen zeigen oder auch darin, dass die Vereinbarungen

– obwohl sie gemeinsam und einmütig getroffen wurden – nicht umgesetzt werden.

Das ist die sechste Schicht des Widerstands, die fehlende Mitwirkung trotz ausdrücklicher Zustimmung. Die Ursachen dieser Widerstände sind vielfältig. In einigen Fällen verlieren einzelne Mitarbeiter bei der Umsetzung der neuen Strategie ihr Image, ihren Status oder ihren Einfluss. In anderen Fällen wird die neue Strategie im Unternehmen „wieder als neue Sache" und als eine vorübergehende Initiative betrachtet, die sehr bald durch eine weitere neue Initiative abgelöst wird. In wieder anderen Fällen ist der Widerstand hinter Scheinargumenten verborgen; in der Diskussion lässt sich der Kritiker nicht fassen.

Vorausgesetzt, in den vorangegangenen Schichten ist sorgfältig und systematisch gearbeitet worden: Jetzt hilft nur klare Führung mit dem Ziel, die vereinbarte und von allen gewollte Lösung zu realisieren. Mit sensiblem Führungsverhalten können persönlich motivierte Einwände (Verlust von Status, Image und Einfluss) entkräftet oder sogar genutzt werden; in diesen Fällen bieten sich Einzelfall-Lösungen an. Bei anderen Einwänden wird man allerdings auf den bislang erfolgreichen Konsens-Prozess verweisen und „mit Fug und Recht" die Mitarbeit einfordern.

Denkanstöße
- Wie führen Sie Veränderungen im Unternehmen ein?

- Wie beteiligen Sie Führungskräfte und Mitarbeiter am „Denkprozess" über Veränderungen?
- Wo zeigen sich Widerstände und wie gehen Sie damit um?
- Welche spürbaren Auswirkungen hat das auf Ihr Unternehmen?

Zusammenfassung

Grundlegende Veränderungen des Unternehmens müssen an alle Betroffenen „verkauft" werden – am besten, indem sie in die Erarbeitung der Lösung einbezogen, wenigstens aber indem ihre Widerstände und Bedenken ernstgenommen und bearbeitet werden.

Die TOC-Denkprozesse helfen uns, Widerstände nicht mehr als Problem, sondern als Chancen zur Verbesserung und wirkungsvollen Umsetzung unserer Konzepte, Strategien und Lösungen zu sehen. Um diese Chancen nutzen zu können, sind die Schichten des Widerstandes systematisch zu durchschreiten.

Ist ToC also Unternehmensstrategie?

Paradigmenwechsel ist Strategiewechsel – aber Strategiewechsel ist mehr als Paradigmenwechsel.

Die Anforderungen an eine sinnvolle Unternehmensstrategie haben wir bereits definiert. Eine Strategie muss nämlich zeigen, wie das Unternehmen - heute und in Zukunft – folgendes erreichen will:

- Geld verdienen
- Kunden / Märkte zufriedenstellen und begeistern
- ständige Verbesserung betreiben
- sichere Arbeitsplätze garantieren
- profitabel wachsen

Kein Unternehmen gleicht dem anderen. Deshalb ist es nicht möglich, eine allgemeingültige Strategie für jedes Unternehmen aufzustellen. Dennoch gibt es eine generalisierte Grundstruktur einer sinnvollen Strategie, die sich aus den zuvor skizzierten Anforderungen ableitet.

Die Basis einer sinnvollen Unternehmensstrategie

Wie im vorangehenden Absatz dargestellt, sind ständige Verbesserung und Wachstum zwingende Bestandteile einer sinnvollen Strategie. Deshalb ein genauerer Blick zunächst auf diese beiden Aspekte:

Goldratt und die Theory of Constraints

Wenn man die Entwicklung der Innovationen und Verbesserungen in der gesamten Weltwirtschaft betrachtet, dann findet man eine exponentielle Entwicklung vor. Das bedeutet zwangsläufig, dass ein Unternehmen, das nicht nur heute, sondern langfristig im Wettbewerb mithalten will, ebenfalls eine exponentielle Entwicklung der Verbesserungen und Innovationen bewirken muss.

Wenn aber das Unternehmen in dieser Geschwindigkeit verbessert, dann muss es auch entsprechend schnell wachsen, um die notwendige Bedingung „sichere Arbeitsplätze" zu erfüllen.

Nicht von ungefähr schreibt daher Dr. Goldratt: „Bei der Analyse eines Unternehmens bin ich nur dann einigermaßen zufrieden, wenn klar wird, wie das Unternehmen innerhalb von vier Jahren seinen jährlichen Umsatz in jährlichen Gewinn verwandeln kann[8]."

Damit haben wir die Basis für eine sinnvolle Unternehmensstrategie etwas genauer definiert: Es ist ein Verbesserungsprozess erforderlich, der immer wieder durchgreifende Verbesserungen erzeugt.

Aber sind ein solches Wachstum und eine solche Entwicklung der Verbesserungen im Unternehmen überhaupt möglich?

Solange Manager dem weitverbreiteten Irrtum folgen, dass die Optimierung von Teilen automatisch zur Optimierung des Ganzen führt und sie das gesamte Führungs- und Managementsystem des Unternehmens darauf aufbauen - solange ist eine sol-

[8] Der ausführliche Text von Dr. Goldratt zur „Viable Vision" ist zu finden auf www.toc4u.de

che Entwicklung nicht möglich. Die Energien des Unternehmens sind auf zu viele Baustellen verteilt, die zu sehr darauf ausgerichtet sind, Kosten zu senken, statt den Durchsatz zu steigern.

Ein Unternehmen, das das Prinzip der „Inherent Simplicity[9]" verstanden und verinnerlicht hat, arbeitet engpassorientiert. Es hat kosten- und effizienz-dominierte Kennzahlen durch ein durchsatzorientiertes Kennzahlensystem ersetzt und verwendet – je nach Geschäftsmodell – Konzepte wie Drum-Buffer-Rope, Pull-Distribution oder Critical Chain Projektmanagement.

An der Basis einer sinnvollen Unternehmensstrategie steht also immer ein Paradigmenwechsel, der das Unternehmen aus der Welt der „lokalen Optimierung" (die Optimierung von Teilen führt automatisch zur Optimierung des Ganzen) in die Welt der „ganzheitlichen Optimierung" (nur die Optimierung in Bezug auf den Engpass führt automatisch zur Optimierung des Ganzen) bringt.

Das unwiderstehliche Angebot

Eine signifikante Steigerung des Unternehmensgewinnes ist insbesondere dann, wenn man konsequent auf das Entlassen von Mitarbeitern verzichten will, nur durch ein signifikantes Umsatzwachstum möglich ist. Dieses Umsatzwachstum muß bewirkt werden. Dafür benötigt das Unternehmen ein Angebot, das für den Markt unwiderstehlich ist. Solche für den Markt unwiderstehlichen Angebote können dadurch entstehen, dass Unternehmen

---

9 Siehe „Die versteckte Einfachheit komplexer Systeme" S. 89

über technologische Innovationen verfügen, die ihnen Alleinstellungsmerkmale geben. Allerdings ist dies für viele Unternehmen kein geeigneter Ansatzpunkt, weil solche technologischen Vorsprünge in den meisten Fällen nicht vorhanden sind und nur mit großer Kraftanstrengung erzeugt werden können.

Wenn wir aber berücksichtigen, dass Aspekte, die außerhalb des eigentlichen Produktes angesiedelt sind (z.B. Service, Garantien, Antwortzeiten, Verfügbarkeit von Produkten und Leistungen) den Wert eines Produktes aus Sicht des Kunden ebenfalls erheblich beeinflussen, dann können wir erkennen, dass der Wert, der einem Produkt durch den Markt zugemessen wird, deutlich gesteigert werden kann, auch ohne dass das physikalische Produkt selbst verändert wird.

Einer meiner Kunden konnte beispielsweise durch die Einführung von Critical Chain Projektmanagement seine Standardprojektlaufzeit von versprochenen neun Monaten, die oft nicht eingehalten wurden, auf fünf Monate, die absolut zuverlässig eingehalten werden, reduzieren. Infolge dieser Verbesserung konnte das Unternehmen mit folgendem Angebot an den Markt herantreten: „Wir garantieren eine Projektlaufzeit von fünf Monaten. Das ist viel kürzer als jeder Konkurrent leisten kann. Und wir zahlen pro Tag Verspätung eine Vertragsstrafe in Höhe von 5% des vereinbarten Projektpreises." Durch dieses Angebot, das ein konkurrierendes Unternehmen niemals abgeben kann, weil es nicht sicher sein kann, dass es die versprochene Projektlaufzeit ohne Critical Chain einhalten würde, war unser Kunde in der Lage, jeden Auftrag zu bekommen, den er haben wollte. Er konnte sich die Aufträge im Grunde genommen aussuchen. Ein erheblicher Wettbewerbsvorsprung entstand ohne den geringsten technologischen Vorsprung.

Ein solches unwiderstehliches Angebot zu finden und zu definieren ist keine einfache Aufgabe. Nach den bisherigen Erfahrungen ist dies aber für nahezu jedes Unternehmen möglich – allerdings nie durch das einfache Kopieren eines anderen Angebotes und schon gar nicht durch das Senken von Preisen, denn das kann immer sofort durch die Konkurrenz nachgeahmt werden. Die Basis für das unwiderstehliche Angebot wird oft schon durch den beschriebenen Paradigmenwechsel gelegt und muss dann „nur" noch in einen unwiderstehlichen Vorteil für den Markt umformuliert werden.

Damit ist der zweite Schritt einer sinnvollen Unternehmensstrategie definiert: Die Entwicklung und der Vertrieb eines unwiderstehlichen Angebotes. Durch diesen strategischen Schritt hat das Unternehmen ein neues Stadium erreicht: es hat in seinem Markt einen signifikanten Wettbewerbsvorsprung erreicht.

Viable Vision: In vier Jahren Umsatz in Gewinn verwandeln

Genau das ist die Strategie der „Viable Vision" (umsetzbare Vision) von Dr. Eliyahu M. Goldratt, die er im Jahr 2003 vorgestellt hat. In nur vier Jahren soll das Unternehmen seinen jährlichen Umsatz in jährlichen Gewinn umwandeln. Goldratt ist sich seiner Sache so sicher, dass er bereit ist, einen Großteil seiner Honorare daran zu knüpfen, ob solch anspruchsvolle Ziele erreicht werden.

Ich war skeptisch... denn wie will man eine solche Steigerung der Unternehmensergebnisse zuverlässig bewirken?

Es müsste möglich sein:

- ein tatsächlich unwiderstehliches Angebot an den Markt zu definieren. Nicht nur so, dass es zusätzliches Geschäft anlockt, sondern auch noch zu teilweise deutlich höheren Preisen.
- ein Vorgehen zu finden, dieses unwiderstehliche Angebot in einem Markt zu verkaufen, der bisher von ganz anderen Formen der Zusammenarbeit ausgeht, von anderen Paradigmen geprägt ist.
- das Unternehmen selbst grundlegend umzustellen - vom Prinzip der lokalen Optimierung auf das Prinzip des Engpass-Managements.

Schon jede einzelne dieser Anforderungen ist eine große Aufgabe. Daher muss erst recht die Kombination eine geradezu übermenschliche Herausforderung sein.

Und doch ist es genau das, was Sie erreichen, wenn Sie die ersten Schritte der strategischen Entwicklung durchlaufen haben.

Den Markt segmentieren

Ein Markt ist dann und nur dann segmentiert, wenn verkaufte Mengen und dafür erzielte Preise in einem Marktsegment keinerlei Auswirkungen auf

Goldratt und die Theory of Constraints

Mengen und Preise in anderen Marktsegmenten haben. Märkte erscheinen nur deshalb uniform (nicht segmentiert), weil das Angebot, das wir dem Markt machen, uniform ist. Würde es aber gelingen, den Markt zu segmentieren, könnte das Unternehmen freie Kapazitäten zu günstigeren Preisen an den Markt verkaufen, ohne dadurch die bestehenden Mengen- und Preisvereinbarungen sowie deren Fortsetzung zu gefährden.

Der nächste strategische Schritt besteht also darin, nach Möglichkeiten zu suchen, den Markt zu segmentieren und dann die eigenen Angebote so anzupassen, dass eine wirkungsvolle Marktsegmentierung erreicht wird.

Durch diese strategische Maßnahme wird erreicht, dass das Unternehmen in mehreren Marktsegmenten tätig ist, in denen es einen deutlichen Wettbewerbsvorsprung hat.

Als Nebeneffekt wird erreicht, dass das Unternehmen seine freien Kapazitäten stets bestmöglich verkaufen kann, ohne dadurch die Flexibilität im Hauptmarkt zu verlieren.

Wenn das Unternehmen dieses Stadium erreicht hat, dann haben Mitarbeiter und Führungskräfte realisiert, dass das Unternehmen durch die sinnvolle Konzentration der Kräfte nahezu alles erreichen kann. Damit ist das Unternehmen darauf vorbereitet, sich noch viel größeren Herausforderungen zu stellen.

Der Quantensprung

Durch die vorangegangen Schritte hat sich das Unternehmen aus eigener Kraft einen erheblichen zeitlichen Vorsprung vor dem Wettbewerb erarbeitet, der es dem Unternehmen ermöglicht, Herausforderungen zu bewältigen, die zu Beginn niemals zu bewältigen gewesen wären.

Das Unternehmen nutzt diesen zeitlichen Vorsprung, um

- einen Faktor zu identifizieren, dessen Verbesserung um Größenordnungen dem Unternehmen einen nicht einholbaren Vorsprung verschaffen wird, weil diese Verbesserung Anstrengungen erfordert, denen die meisten Unternehmen nicht gewachsen sind und

- alle Kräfte des Unternehmens auf die Verbesserung dieses Faktors auszurichten.

Dieser strategische Schritt wird möglicherweise – im Gegensatz zu den vorangehenden – sehr große Energien und einen längeren Zeitraum beanspruchen.

Durch diese strategische Maßnahme erreicht das Unternehmen einen sehr großen und nachhaltigen Vorsprung in mehreren Märkten / Marktsegmenten.

Goldratt und die Theory of Constraints

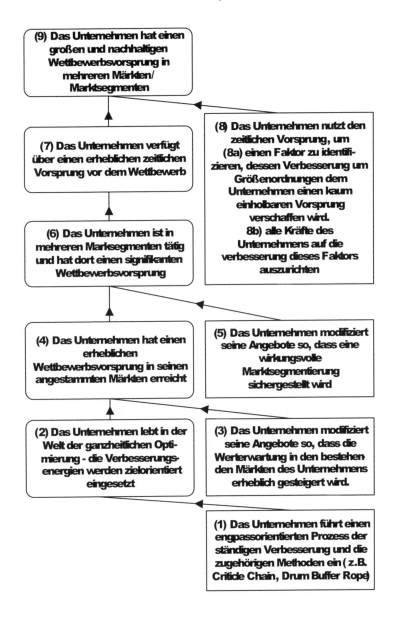

Zwischencheck

Wenn dieser Status erreicht ist, dann hat das Unternehmen Leistungen vollbracht, die zu Beginn der strategischen Entwicklung von niemandem für möglich gehalten wurden. Die meisten Unternehmen kommen nie so weit. Viele hören mit ihren strategischen Entwicklung bereits auf, wenn sie aufgrund der ersten Schritte einen erheblichen Wettbewerbsvorteil in ihren angestammten Märkten erreicht haben. Diese Unternehmen ruhen sich dann auf ihren Lorbeeren aus, fallen in alte Verhaltensweisen zurück und scheitern.

Doch selbst wenn dieses Stadium – nach dem Quantensprung – erreicht ist, sind noch nicht alle Anforderungen, die an eine sinnvolle Unternehmensstrategie zu stellen sind, erfüllt.

Märkte sind Schwankungen unterworfen, d.h. sie entwickeln sich günstig und sie entwickeln sich dann auch wieder ungünstig. Wenn Märkte Schwankungen unterliegen, kommt es vor, dass die Nachfrage rückläufig ist. Wenn die Nachfrage rückläufig ist, entstehen Überkapazitäten. Wenn es Überkapazitäten gibt, muss das Unternehmen – um profitabel zu bleiben – Kapazitäten abbauen und das bedeutet, dass Mitarbeiter entlassen werden müssen.

Mit anderen Worten: es sind zwei der fünf zentralen Anforderungen noch nicht erfüllt:

- Anforderung 5: Das Unternehmen kann noch nicht ein qualifiziertes Wachstum für jeden Zeitpunkt in der Zukunft sicherstellen. Und dadurch:

Goldratt und die Theory of Constraints

- Anforderung 4: Das Unternehmen kann noch nicht seinen Mitarbeitern einen sicheren Arbeitsplatz für die Zukunft garantieren.

Um diese beiden Anforderungen auch noch erfüllen zu können, sind weitere Schritte erforderlich, die das Unternehmen allerdings erst realisieren kann, wenn es dieses Stadium nach dem Quantensprung erreicht hat.

Flexibilität

Das Unternehmen hat jetzt einen sehr großen und nachhaltigen Vorsprung in mehreren Märkten / Marktsegmenten erreicht. Mit anderen Worten: Das Unternehmen ist ein bedeutender Teilnehmer auf seinen Märkten mit entsprechender Ertragskraft und aufgebauten Reserven.

Der mögliche Markt eines Unternehmens, der sich aus den Fähigkeiten des Unternehmens und seiner Mitarbeiter ergibt, ist um vieles größer als der Markt, in dem ein Unternehmen tatsächlich tätig ist. Daraus folgt, dass die marktseitigen Wachstumspotentiale für das Unternehmen zu diesem Zeitpunkt viel größer sind als der Markt, in dem das Unternehmen zu diesem Zeitpunkt tätig ist.

An dieser Stelle sind nun sehr sorgfältige Diversifizierungs- und Expansionsentscheidungen erforderlich, um Folgendes zu erreichen:

- In keinem Markt oder Marktsegment wird eine Monopolstellung angestrebt. Dadurch wird sichergestellt, dass das Unternehmen sich aus einem Markt ganz oder teilweise zurückziehen kann, ohne einen erheblichen Imageschaden mit entsprechenden Folgewirkungen zu riskieren.

- Neue Produkte und Märkte werden mit den bestehenden Ressourcen bearbeitet (die Märkte segmentieren, nicht die Ressourcen). Dadurch gewinnt das Unternehmen die Flexibilität, den Schwerpunkt seiner Geschäftstätigkeit zwischen verschiedenen Marktsegmenten zu verschieben, ohne dafür die Ressourcen (insb. die Mitarbeiter) wechseln zu müssen.

- Die Märkte werden so ausgewählt, dass die Wahrscheinlichkeit, dass alle Märkte / Marktsegmente sich gleichzeitig negativ entwickeln, sehr gering ist. Dadurch erlangt das Unternehmen die Fähigkeit, seine Schwerpunkte mit der konjunkturellen Entwicklung zwischen verschiedenen Märkten / Marktsegmenten zu verschieben.

Erst jetzt ist das Unternehmen unabhängig von Schwankungen einzelner Märkte und Marktsegmente geworden. Und erst jetzt erfüllt die Strategie auch die letzte zwingende Anforderung „den Mitarbeitern einen sicheren und erfüllenden Arbeitsplatz zur Verfügung stellen – heute und in Zukunft".

Goldratt und die Theory of Constraints

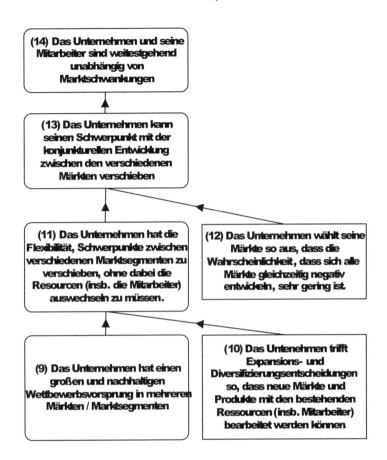

Denkanstöße

- Erfüllt Ihre Unternehmensstrategie alle fünf Anforderungen?
- Welche werden nicht erfüllt? Warum?
- Welche spürbaren Auswirkungen hat das für Ihr Unternehmen?

Zusammenfassung

Eine sinnvolle Unternehmensstrategie ist auf mehrere Jahre angelegt. Sie muss umfassen, dass das Unternehmen sich die Flexibilität erarbeitet, in mehreren Märkten agieren zu können. Nur so entsteht Unabhängigkeit von den Schwankungen des Marktes. Nur so ist das Unternehmen und sind die Arbeitsplätze sicher.

Ausblick

Hat Ihnen meine kleine Einführung zur Theory of Constraints gefallen und geholfen, einen Überblick zu bekommen?

Sind Sie inspiriert, die gewonnenen Erkenntnisse im eigenen Unternehmen anzuwenden? Dann möchte ich Sie einerseits ermutigen und andererseits auch warnen:

Wenn Sie nicht zum Topmanagement Ihres Unternehmens gehören, haben Sie nach meiner Erfahrung nur geringe Umsetzungs- und Erfolgschancen, weil Sie an die geltenden Paradigmen der Unternehmensführung stoßen. Und das hindert Sie sowohl daran, Ihre Geschäftsführung zu überzeugen als auch daran, die Veränderungen umzusetzen.

Ein besserer Weg ist: Sorgen Sie dafür, dass Ihr oberster Chef einen der Goldratt-Romane von einer Person seines Vertrauens empfohlen oder geschenkt bekommt – oder auch dieses Buch.

Ich wünsche Ihnen viel Erfolg, Spaß und viele neue Erkenntnisse!

Literatur und Vertiefung

Die Theory of Constraints ist ständig in Bewegung. Neue Veröffentlichungen erscheinen, Webseiten werden eingerichtet, in Blogs und Foren wird diskutiert.

Sie finden daher folgendes auf meiner Internet-Seite: www.toc4u.de:

- eine kommentierte Literaturliste
- eine Übersicht von Webseiten zur ToC
- Links auf interessante Diskussionsforen und Blogs
- Ein ausführliches Glossar zur ToC

Dort können Sie auch Fragen stellen und über Ihre eigenen Erfahrungen berichten. Ich würde mich freuen!

Der Autor

Uwe Techt (*1964) ist Unternehmensberater, Autor und Vortragender mit den Schwerpunkten Strategie, Theory of Constraints, Critical Chain Project Management und Business Excellence. Er hat die ToC bei Dr. Eliyahu M. Goldratt und bei Oded Cohen kennengelernt und ist zertifizierter ToC-Practitioner. Uwe Techt hat die ToC und ihre Anwendungen in vielen Unternehmen und anderen Organisationen erfolgreich umgesetzt.

Ein TOC Institute Buch verlegt bei Editions La Colombe

Ein TOC Institute Buch

TOC Institute
Kettelerstr. 16a - 64646 Heppenheim
Deutschland
Telefon: +49 (6252) 6990791
Fax: +49 (6252) 6990799

**Wünschen Sie weitere Informationen
oder möchten Sie ein Buch bestellen?**

Wir informieren Sie gerne über unser Gesamtprogramm, über Neuerscheinungen und Sonderaktionen.

Krefelder Str. 63 – 47441 Moers
Deutschland
Fax: +49 (3212) 1233397 – E-mail: colombe@colombe.de

www.colombe.de